Silvis Low Carb Kuchl

BIBLIOGRAFISCHE INFORMATION DER DEUTSCHEN NATIONALBIBLIOTHEK
Die Deutsche Nationalbibliothek verzeichnet diese Publikation in der Deutschen Nationalbibliografie; detaillierte bibliografische Daten sind im Internet abrufbar: http://dnb.d-nb.de

Bildnachweis

Athesia-Tappeiner Verlag: S. 5, 13 oben, 24/25, 36/37, 151/151
Alter Schlachthof: S. 103
Bioexpress: S. 86/87
Brimi: S. 70/71
Fotolia: Natalja Stotika, S. 13 unten; studio busse yankushev, S. 15; ExQuisine, S. 17; somegirl, S. 20; dule964, S. 21; Andrea Mücke, S. 23; M.studio, S. 26; Nataly Studio, S. 28; aneta_gu, S. 31; s_karau, S. 32; rdnzl, S. 35; LiliGraphie, S. 60; Simone Andress, S. 130; foto-oliverfranke.de, S. 138; Jiri Hera, S. 140; Tetiana, S. 147; Jacek Fulawka, S. 190
Natur-Backstube: S. 131
Naturalia: S. 144/145
Pflegerhof: S. 57
Alle übrigen Aufnahmen sowie das Umschlagfoto stammen aus dem Archiv von Silvia Gasser, Villanders

2019 · Vierte Auflage

Lektorat und Korrektorat: Kathrin Kötz
Design & Layout: Athesia-Tappeiner Verlag
Druck: Athesia Druck, Bozen

ISBN 978-88-6839-361-8

www.athesia-tappeiner.com
buchverlag@athesia.it

designed + produced
IN SÜDTIROL

Silvia Gasser

Silvis Low Carb Kuchl

Genussvoll abnehmen ohne Diät

ATHESIA VERLAG

Inhalt

SILVIS
LC
KUCHL ♥

Meine Geschichte

Mein Name ist Silvia Gasser. Ich bin 24 Jahre alt, zweifache Mami, Ernährungscoach und begeisterte Köchin.

Das war jedoch nicht immer so. Eigentlich habe ich erst nach meiner ersten Schwangerschaft vor drei Jahren angefangen, mich für gesunde Ernährung zu interessieren. Davor habe ich mich 20 Jahre fast ausschließlich von Nutella und Pizza ernährt. 😊

Mit Obst und Gemüse konnte ich nichts anfangen. Ich habe es nie, wirklich nie, gegessen – es hat mir einfach nicht geschmeckt. Wahrscheinlich habe ich mir diese Abneigung nur eingebildet, weil ich zu stur war, um es zu probieren.

So kam es, dass ich mich nie mit meinem Gewicht wohlgefühlt habe. Ab der Mittelschule habe ich immer mal wieder versucht, ein paar Kilo abzunehmen – ohne Erfolg, aber mit Jojo-Effekt. Ich habe in dieser Zeit alles ausprobiert: Suppendiäten, Shakes, Pillen bzw. gar nichts mehr gegessen. Heute weiß ich, dass es eigentlich kein Wunder ist, dass das Abnehmen nicht geklappt hat.

Nach der Geburt meines Sohnes Lion war für mich die Schmerzgrenze erreicht. Zwischen mir und meinem Wunschgewicht standen auch einige Monate nach der Geburt sage und schreibe 20 Kilo. Das lag vor allem daran, dass ich bequem geworden war und ständig ungesunde Dinge gegessen habe, vor allem viel Süßes.

Es war an der Zeit, einen Schlussstrich zu ziehen!

Also ging ich zu meinem Mann und erklärte ihm, dass ich abends ab sofort weniger Kohlenhydrate essen möchte. Einfach, weil ich das im Zusammenhang mit dem Thema Abnehmen immer wieder gehört bzw. gelesen hatte.

So begann mein neues, gesundheitsbewusstes Leben. Ich fing langsam an, Gemüse in allen Varianten in meinen Speiseplan aufzunehmen und lernte dabei, dass es gar nicht so schlecht schmeckt. 😊

Außerdem achtete ich darauf, untertags langkettige Kohlenhydrate auf den Tisch zu bringen, genügend zu trinken und langsamer zu essen!

Schon nach kurzer Zeit konnte ich eine deutliche Veränderung sehen. Das motivierte mich natürlich zum Weitermachen!

In etwa sieben Monaten habe ich auf diese Weise 20 Kilo abgenommen und mich so wohlgefühlt wie nie zuvor. (Im Nachhinein weiß ich, dass ich eigentlich viel zu schnell abgenommen habe und eine langsamere Gewichtsreduktion viel gesünder gewesen wäre.)

Wie ging es weiter?

Um allen zu zeigen, wie unglaublich einfach das Abnehmen durch gesunde Ernährung sein kann, erstellte ich eine Facebook-Gruppe. Ich wollte andere darüber aufklären, dass man keine Pillen, Shakes, Pulver und vor allem keine Nulldiät braucht.

Im Laufe der nächsten 18 Monate wuchs die Gruppe und ich fing an, Kochkurse anzubieten, um die Low-Carb-Rezepte weiterzugeben, die ich inzwischen kreiert hatte. Seit etwa einem Jahr toure ich mit diesen Kochkursen durch ganz Südtirol. Im Februar 2017 habe ich meinen Blog „Silvis LC Kuchl“ gestartet. Ich bin stolz, dass ich damit die erste (selbstständige) offiziell eingetragene Südtiroler Bloggerin bin!

Ernährung und Gesundheit

Am Anfang war das „gesunde“ Abnehmen für mich kein Thema. Ich wollte, wie viele andere auch, einfach nur irgendwie Gewicht verlieren. Und das am besten so schnell wie möglich!

Mit der Zeit wurde mir aber klar, dass ich ein Vorbild für meinen Sohn bin und eine große Verantwortung für seine Ernährung habe. Ich wollte nicht, dass er mein ungesundes Essverhalten übernimmt. Für ihn habe ich meine Ernährung nach und nach immer mehr auf „gesund“ umgestellt.

Außerdem gab es einen weiteren Weckruf, durch den ich mich noch intensiver mit dem Thema gesunde Ernährung beschäftigte: Meine Schwester war zum zweiten Mal an Krebs erkrankt. Ich wollte sie möglichst gut durch den Heilungsprozess begleiten und verhindern, dass die Krankheit noch einmal zurückkommt.

Bei meinem Lehrgang zum Ernährungscoach habe ich dann sehr viel über den Zusammenhang von Ernährung und Gesundheit gelernt.

Mein Leben hat sich in den letzten drei Jahren total verändert. Keiner von denen, die mich schon länger kennen, hätte geglaubt, dass ich mich zu dieser gesundheitsbewussten „Low-Carb-Silvi“ entwickeln würde, die ich nun bin. Keiner hätte gemeint, dass ich mich zum Großteil nur noch von regionalen und biologischen Lebensmitteln ernähre.

Doch so kann es gehen und ich bin mehr als froh darüber!

Gesund Abnehmen, aber wie?

Wenn du abnehmen willst, kannst du das auf ganz unterschiedliche Art und Weise tun. Es gibt viele Möglichkeiten, die zum Ziel führen. Du kannst zum Beispiel:

- Kohlenhydrate reduzieren (Low Carb/High Fat),
- Fett reduzieren (Low Fat/High Carb),
- alles essen, dabei aber immer alle Kalorien zählen,
- Mahlzeiten durch Shakes ersetzen,

- eine Suppendiät machen,
- die Mahlzeiten mit der Formel „FDH" halbieren.

Eine ideale Formel zum Abnehmen gibt es allerdings nicht, denn jeder Mensch ist anders. Manche lieben es, Kalorien zu zählen und so ihr Gewicht unter Kontrolle zu bringen, andere haben kein Problem damit, abends nichts oder nur flüssige Nahrung zu sich zu nehmen.

Doch ganz egal, für welche Methode du dich entscheidest, es kann nur funktionieren, wenn du es durchziehst!

Und genau das ist der Punkt: „Wenn du es durchziehst"! Um nicht vorzeitig aufzugeben, solltest du dir deshalb eine Ernährungsform suchen, von der du glaubst, du könntest sie dein ganzes Leben lang praktizieren. Sonst ist es nur eine Diät – also eine zeitlich begrenzte Ernährung – und Diäten funktionieren nie!

Ich kann nur allen empfehlen, verschiedene Methoden auszuprobieren, um die zu finden, mit der man sich wohlfühlt bzw. die zu einem passt. Vielleicht ist es ja „meine" Methode!

Low Carb – meine Methode

Ich habe, wie bereits gesagt, schon viele Diäten ausprobiert. Doch darunter war keine, die mich so begeistert hat, dass ich meine Ernährung langfristig darauf hätte umstellen wollen. Spätestens nach ein bis zwei Wochen war die Motivation bzw. die Lust darauf meistens verflogen und ich habe wieder angefangen „normal" zu essen. Das lag vor allem daran, dass mich die Gerichte, die ich hätte essen können, geschmacklich einfach nie überzeugt haben. Ich hatte sie schnell satt.

Ganz anders war es, als ich es mit Low Carb versuchte. Plötzlich durfte ich essen, bis ich satt war. Ich konnte Fette einbauen und musste die gegessenen Lebensmittel nicht jedes Mal abwiegen oder in einer App notieren. Das war etwas absolut Neues für mich.

Außerdem haben mich die vielen positiven „Nebenwirkungen" schnell überzeugt: Ich fühlte mich nach dem Essen nicht mehr so aufgebläht wie früher, schlief viel besser, war seltener krank und topfit.

Was bedeutet Low Carb

Zuerst einmal: Low Carb bedeutet nicht No Carb! Viele denken, wenn sie den Begriff hören, sofort an eine strenge ketogene Ernährung, bei der die Kohlenhydrate den ganzen Tag über auf ein Minimum reduziert werden. Doch Low Carb gibt es in vielen verschiedenen Varianten, bei denen mal mehr und mal weniger Kohlenhydrate eingespart werden.

Ich habe mich, nachdem ich verschiedene Formen ausprobiert habe, schließlich für die – sagen wir mal – lässige Variante entschieden, bei der die Kohlenhydrate meistens nur abends reduziert werden. Das ist in meinen Augen die Form, die sich gut in den Alltag integrieren lässt und die jeder einfach und dauerhaft umsetzen kann. Außerdem ist sie sehr gesund!

Goldene Regeln für ein erfolgreiches Abnehmen

Wenn du die Ernährungsweise gefunden hast, die zu dir passt und mit der du dich anfreunden kannst, dann hast du das Wichtigste bereits geschafft. Jetzt heißt es dranbleiben!

Ich weiß, dass das schwierig ist. Am Anfang empfindest du es als schrecklich anstrengend und hast das Gefühl, dass es unmöglich ist. Aber dieses Buch soll dir dabei helfen!

Eine Ernährungsumstellung braucht Zeit, du kannst das nicht so einfach mal an einem Tag machen! Deshalb ist es ganz wichtig, dass du deine Ernährung langsam umstellst.

Am Anfang bist du hoch motiviert, willst alles richtigmachen und schmeißt die gewohnten Lebensmittel aus dem Küchenschrank. Dann trinkst du von heute auf morgen den Kaffee nur noch ohne Zucker, tauschst den süßen Saft gegen Wasser und isst nur noch Gemüse.

Einige Tage geht das gut, aber dann kommt der Punkt, an dem du die alten Gewohnheiten vermisst und frustriert bist. Denn obwohl du auf die heiß geliebte Schokocreme verzichtest und dir stattdessen einen fade schmeckenden Haferbrei einverleibst – der dir schon zum Hals heraushängt –, zeigt die Waage noch kein Gramm weniger an. In dem Moment denkst du: „Das bringt doch eh alles nichts, ich höre auf!“

Halt! Diesmal wird dir das nicht passieren! Du musst nur ein paar Dinge beachten.

Stell deine Ernährung langsam um

Statt unvorteilhafte Lebensmittel wie zum Beispiel Zucker auf einmal ganz wegzulassen, solltest du sie schrittweise reduzieren. Der Körper gewöhnt sich daran, dass er mit weniger auskommen muss und wenn du ihn nach einiger Zeit ganz von deinem Speiseplan streichst, vermisst du ihn nicht mehr. Nur kein Stress!

Trink mehr Wasser

Eine ausreichende Flüssigkeitszufuhr ist nicht nur beim Abnehmen wichtig, sondern auch für unsere Gesundheit. Wenn es dir schwerfällt, Wasser pur zu trinken, dann kannst du es ja auch mit Kräutertee oder Basenwasser versuchen. Abwechslung ist wichtig!

Steig auf Vollkornprodukte um

Wenn du dich nur abends Low Carb ernähren willst, solltest du bei den restlichen Mahlzeiten das Weizenmehl und Weizenmehlprodukte einfach durch Dinkel- oder noch besser Dinkelvollkornmehl bzw. -produkte ersetzen. Das gilt nicht nur für Brot, sondern auch für Nudeln und Co.!

Iss langsam

Die meisten von uns nehmen sich nicht genug Zeit zum Essen. Alles wird im Rekordtempo verschlungen, damit man sich schnell wieder anderen Dingen widmen kann. Wenn du das Tempo beim Essen verringerst, also auch während des Essens immer mal wieder die Gabel beiseitelegst, merkst du eher, wenn du satt bist. Höre mit dem Essen auf, wenn das Sättigungsgefühl einsetzt, aber erst dann!

Plane Ausnahmen ein

Ein Cheat Day, ein sogenannter Schummeltag, hilft dir beim Durchhalten. Er kurbelt deinen Stoffwechsel sogar noch an. Suche dir einfach einen Tag aus, an dem du all das essen kannst, auf das du sonst verzichtest. Also auch Kohlenhydrate am Abend, Fast Food oder Süßigkeiten – ganz ohne schlechtes Gewissen. Allerdings solltest du es bei der Menge nicht übertreiben!

Maßband statt Waage

Viele Menschen, die abnehmen wollen, steigen ständig auf die Waage – manche sogar mehrmals pro Woche. Das ist keine gute Idee, sondern ein Stressfaktor. Wenn du zu den Menschen gehörst, die sich andauernd wiegen, dann rate ich dir: Schmeiß die Waage weg! Klar kann es motivieren, wenn sie weniger anzeigt als in der Woche davor, aber meist tut sie das nicht. Gerade bei Frauen kommt es häufig zu Wassereinlagerungen und der Zeiger der Waage zeigt keine Veränderung, obwohl sie vielleicht sogar abgenommen haben. Greif lieber zum Maßband, wenn du wissen willst, ob sich dein Umfang reduziert hat. Oder du orientierst dich daran, dass die Hose lockerer sitzt oder du den Gürtel ein Loch enger schnallen kannst. Aber auch hier gilt: Es reicht aus, wenn du dich einmal im Monat misst, sonst erzeugt auch das Messen Stress und der verhindert oft das Abnehmen.

No an Extratipp

Sei nicht zu streng mit dir! Wenn es an einem Tag oder auch an mehreren Tagen nicht so klappt, wie du es dir wünschst, dann gib nicht auf! Fang am nächsten Tag einfach von vorne an. Es wird immer wieder Tage geben, an denen du dich nicht Low Carb bzw. gesund ernähren kannst. Manchmal ist der Alltag einfach zu stressig oder der Kühlschrank leer und du isst abends schnell ein paar Nudeln. Manchmal bist du – außerhalb deines Cheat Days – eingeladen oder gehst mit Freunden etwas essen. Nicht überall werden Gerichte mit wenig Kohlenhydraten angeboten. Mach dir einfach nichts draus! Genieße es und versuche, es am nächsten Tag einfach wieder besser zu machen. Nur wenn du das Abnehmen nicht verbissen angehst, kannst du deine Wohlfühlfigur erreichen und dauerhaft halten.

Cheat Day – der Schummeltag

Wie schon gesagt, so ein Schummeltag hilft beim Durchhalten. An diesem Tag darfst du ohne schlechtes Gewissen deinen Gelüsten nachgeben und sündigen. Gönn dir die Dinge, auf die du sonst verzichtest, also einen großen Teller Nudeln oder ein Stück Torte – auch abends.

Ich plane diesen Cheat Day seit dem Beginn meiner Ernährungsumstellung einmal in der Woche ein. Allerdings heißt das für mich nicht, dass ich mich an diesem einen Tag von morgens bis abends mit Fast Food vollstopfe. Ich genieße einfach die Pizza oder den Kuchen, auf den ich mich die ganze Woche über gefreut habe. Bei den restlichen Mahlzeiten achte ich trotzdem auf gesunde Gerichte bzw. Kohlenhydrate. Falls das nicht möglich ist, mache ich mich aber nicht verrückt.

Was bringt ein Cheat Day?

Nur wenige Menschen schaffen es, eine strenge Diät über einen langen Zeitraum durchzuhalten. Irgendwann überkommt fast jeden der Hunger auf Süßes, Junkfood und Co.

Wenn du diesen Gelüsten ein- oder zweimal nachgegeben hast, hast du ein megaschlechtes Gewissen und spielst mit dem Gedanken, alles hinzuschmeißen. Dann kommt wieder der berühmte Satz: „Jetzt bringt es ja eh alles nichts mehr, da kann ich es auch gleich lassen." Und schon ist es wieder passiert: Eine erfolglose Diät, die dich deinem Wohlfühlgewicht kein Stück nähergebracht hat.

Aber so weit muss und wird es erst gar nicht kommen, wenn du dir einmal in der Woche einen Cheat Day genehmigst. Denn dann kannst du die restlichen sechs Tage viel leichter auf Süßigkeiten und ähnliche Dinge verzichten. Du weißt ja, wann du deinen Gelüsten nachgeben kannst.

Ohne Schummeltag, der dich mit deiner Ernährungsumstellung versöhnt, passiert das oben Beschriebene und du hältst die Umstellung nicht lange durch.

- Der Cheat Day hilft dir, auf Dauer dein Wohlfühlgewicht zu erreichen.
- Er ist super gut für die Psyche, da du weißt, dass du nicht für immer und ewig auf deine geliebten, jetzt aber „verbotenen“ Speisen verzichten musst und dein Wunschgewicht trotzdem erreichen kannst.
- Er hilft dir dabei, dein soziales Leben aufrechtzuerhalten. Du musst nicht jedes Mal krampfhaft etwas anderes bestellen, wenn du mit Freunden essen gehst. Oder Einladungen absagen, weil du nicht die oder der einzige sein willst, die bzw. der beim Essen zuguckt. An solchen Tagen legst du einfach einen Cheat Day ein und kannst ohne Ausrede oder Verzicht alles essen.
- Darüber hinaus bringt dieser Tag erfahrungsgemäß deinen Stoffwechsel in Schwung und sorgt dafür, dass dein Körper sich nicht auf ein Leben auf Sparflamme einstellt.

Der Cheat Day ist das kleine Geheimnis für eine lang anhaltende Wohlfühlfigur. Mit ihm musst du nie wieder mies gelaunt und mit Heißhunger durch die Welt gehen. Diese Zeiten sind vorbei.

Natürlich könntest du anstelle eines Schummeltages auch mehrmals in der Woche kleine Ausnahmen in deinen Ernährungsplan einbauen. Erfahrungsgemäß verlieren viele dabei aber den Überblick und sündigen mehr, als für das Abnehmen gut ist. Aus diesem Grund ist ein einziger Cheat Day die bessere Variante.

Der Low-Carb-Ernährungsplan

Die Frage, wie so eine Low-Carb-Ernährung eigentlich aussieht, ist ganz einfach zu beantworten. Bei der moderaten Form greifst du untertags auf gesunde, langkettige Kohlenhydrate zurück, die lange satt machen. Also zum Beispiel auf Haferflocken, Quinoa, Hirse, Süßkartoffeln, Vollkornprodukte, Hülsenfrüchte ...

Weizenprodukte und Zucker solltest du hingegen vermeiden. Weizen lässt sich ganz einfach durch Dinkel – oder noch besser Dinkelvollkorn – ersetzen und deinen Zuckerkonsum kannst du langsam immer weiter reduzieren, bis du ohne Zucker auskommst. Keine Sorge, das heißt nicht, dass du nie wieder Süßes essen darfst.

Wenn du diese beiden Dinge beherzigst, dann hast du schon einen großen Schritt in Richtung Wohlfühlfigur bzw. Gesundheit gemacht.

Was kommt am Abend auf den Tisch?

Auf den abendlichen Speiseplan gehören:

- Gemüse
- Nüsse
- Fisch und Fleisch
- Milch und Milchprodukte
- Eier
- gesunde ungehärtete Fette (z. B. Olivenöl, Avocadoöl, Leinsamenöl, Rapsöl, Hanföl, Traubenkernöl, Kokosöl ...)

Silvis
LC Kuchl

- Low-Carb-Nudeln (z. B. Konjaknudeln)
- Zuckerersatz (z. B. Stevia, Birkenzucker, Erythrit ...)
- Low-Carb-Mehle (z. B. Mandelmehl, Sojamehl, Süßlupinenmehl ...)

Vermeiden solltest du:

- Nudeln
- Kartoffeln
- Obst
- Zucker
- Produkte aus Getreide bzw. Pseudogetreide (also Weizen, Kamut, Dinkel, Roggen, Buchweizen, Gerste, Amaranth, Hafer, Hirse, Mais, Quinoa, Reis)
- Hülsenfrüchte wie Bohnen, Erbsen oder Linsen

No an Tipp

Als kleine Orientierung beim Einkauf hilft folgende Faustregel: Lies dir die Angaben auf den Nährwerttabellen genau durch. Alle Lebensmittel, die pro 100 g mehr als 10–15 g Kohlenhydrate enthalten, solltest du abends nicht essen.

Haselnüsse

Vegetarische und vegane Gerichte

Bei mir gibt es oft vegetarische oder vegane Gerichte. Nicht weil ich Vegetarierin oder Veganerin bin, sondern weil ich es gut finde, nicht bei jeder Mahlzeit auf tierische Lebensmittel zurückzugreifen. Auf Dauer und in großen Mengen sind sie für unseren Körper außerdem alles andere als gesund. Trotzdem möchte ich nicht ganz darauf verzichten, denn mir ist ein ausgewogener, abwechslungsreicher Speiseplan unheimlich wichtig.

Ich verwende aber nicht nur bei vegetarischen oder veganen Gerichten Alternativen zu tierischen Produkten. Neben Milch und Joghurt habe ich immer auch Hafermilch und Kokosmilch-Joghurt im Haus. Butter ersetze ich gerne durch verschiedene hochwertige Öle und Sahne beispielsweise durch Hafersahne.

Fleisch und Fisch versuche ich höchstens zwei- bis dreimal pro Woche in kleinen Portionen auf den Tisch zu bringen. Dazu gibt es umso mehr Gemüse oder andere Beilagen. Und wenn ich Fleisch esse, dann kaufe ich es nur beim Metzger meines Vertrauens bzw. direkt vom Bauern. Da weiß ich, wo es herkommt und dass die Tierhaltung sowie die Qualität stimmen.

Eigentlich ist es gar nicht so schwer, die tierischen Produkte immer mal wieder durch pflanzliche Lebensmittel zu ersetzen. Meist ist es die Gewohnheit, die uns zum Fleisch greifen lässt.

Natürlich kannst du auch abnehmen, wenn du wie gewohnt tierische Produkte isst, aber es ist mir wichtig, dir eine gesunde Ernährungsumstellung ans Herz zu legen. Schließlich ist es dein Körper und du hast nur den einen! Darum solltest du gut auf ihn achten!

Mehl ohne Kohlenhydrate

Mittlerweile gibt es sehr viele Low-Carb-Mehle, die alle sehr wenig Kohlenhydrate enthalten. Allerdings ist es am Anfang gar nicht so leicht, damit zu kochen, denn sie sind weder von der Konsistenz noch vom Geschmack her mit normalem Mehl zu vergleichen. Um deine Ernährung abends auf Low Carb umzustellen, musst du nicht mit diesen Mehlen kochen. Wie du bei meinen Rezepten siehst, gibt es dort mehr Gerichte ohne Mehl als mit.

Wenn du mit Low-Carb-Mehl kochen willst, dann probiere es erst einmal mit einem vorgegebenen Rezept aus und halte dich streng an die Anweisungen. Da du normales Mehl nicht eins zu eins ersetzen kannst, können Experimente schnell in die Hose gehen. Doch keine Sorge, du wirst lernen, wie sich Low-Carb-Mehle verhalten und wie du daraus leckere Gerichte zaubern kannst.

Zum Kochen und Backen

Nicht jede Mehlalternative eignet sich gleich gut zum Backen und Kochen. Damit du weißt, für welche Gerichte du sie verwenden kannst bzw. auf welche Dinge du bei der Verarbeitung achten solltest, stelle ich dir hier einige vor.

Mandelmehl

Besonders gerne verwende ich zum Backen oder für süße Gerichte Mandelmehl. Es hat einen feinen Mandelgeschmack, der besonders gut zu Kuchen und Backwaren aller Art passt. Du kannst es auch unter deinen Joghurt rühren. Mandelmehl enthält viele gesunde Nährstoffe, es ist aber auch sehr trocken und bindet viel Flüssigkeit. Bei der Menge solltest du sparsam sein, denn der Geschmack nach Marzipan kann schnell zu intensiv werden.

Kokosmehl

Auch Kokosmehl eignet sich gut für die Herstellung von Süßspeisen, Keksen, Pralinen und Co. Es schmeckt intensiv nach Kokos und ist reich an Ballaststoffen.

Süßlupinenmehl

Der Geschmack dieses Mehls ist recht intensiv und süßlich. Da es sehr eiweißreich ist, bekommen Teige damit eine große Lockerheit. Außerdem enthält Lupinenmehl sehr viele Antioxidantien, die dafür sorgen, dass die Backwaren länger frisch bleiben.

Hanfmehl

Hanfmehl ist sehr gesund und eignet sich sowohl zum Backen als auch zum Kochen. Mit Hanfmehl zubereitete Gerichte bekommen ein intensiv nussiges Aroma. Damit das nicht zu stark wird, solltest du nur etwa ein Zehntel des normalen Mehls durch Hanfmehl ersetzen. Suppen und Saucen lassen sich sehr gut mit Hanfmehl abbinden.

Kokosmehl

Silvis
LC Kuchl
S
P

Chia-Samen

Leinsamenmehl

Leinsamenmehl ist eines der wenigen Low-Carb-Mehle, die nur einen geringen Eigengeschmack haben. Ich verwende es wegen seiner guten Bindefähigkeit sehr gerne zum Kochen. Leinsamenmehl eignet sich aber auch hervorragend für die Herstellung von Teigen aller Art. Wichtig ist nur, dass du den Teig vor der Weiterverarbeitung mindestens 10 Minuten ruhen lässt!

Kürbiskernmehl

Auch diese Mehlalternative hat einen eher intensiven, nussigen Geschmack, der sehr gut zu Backwaren (Brötchen, Kuchen, Kekse) passt. Du kannst damit aber auch Saucen binden oder Smoothies verfeinern. Allerdings solltest du nicht die komplette Mehlmenge durch Kürbiskernmehl ersetzen, sondern – wie beim Hanfmehl – nur einen Teil.

Bindemittel für die Low-Carb-Küche

Es gibt nicht nur Low-Carb-Mehle, sondern auch Alternativen für gängige Bindemittel wie Mais- oder Weizenstärke.

Johannisbrotkernmehl

Johannisbrotkernmehl ist ein geschmacksneutrales pflanzliches Verdickungsmittel mit sehr guter Bindefähigkeit. Es verhält sich ähnlich wie Mais-, Weizen- oder Kartoffelstärke, ist dabei aber gesünder und du brauchst nur etwa die Hälfte der Menge, um die gleiche Wirkung zu erzielen. In Backwaren sorgt Johannisbrotkernmehl für zusätzliches Volumen.

Pfeilwurzelmehl

Pfeilwurzelmehl ist ebenfalls recht geschmacksneutral. Du solltest davon immer die Hälfte der im Rezept angegebenen Menge eines herkömmlichen Bindemittels verwenden. Am besten, du rührst das Pfeilwurzelmehl vor der Verwendung wie normales Stärkemehl mit etwas Wasser an.

Guarkernmehl

Ist das in der Low-Carb-Küche wohl am häufigsten eingesetzte Bindemittel. Auch in industriellen Produkten wie Marmelade, Konserven oder Mayonnaise wird es oft verwendet. Ich bevorzuge allerdings die beiden oben genannten Bindemittel, weil mit Guarkernmehl gebundene Speisen schnell eine gummiartige Konsistenz bekommen.

Weitere alternative Bindemittel

Flohsamenschalen, Chia-Samen, Leinsamen oder Kleie haben ebenfalls gute Bindeeigenschaften. Darüber hinaus ist ihre gesundheitliche „Nebenwirkung" interessant: Flohsamenschalen, Chia- und Leinsamen regen die Verdauung an und regulieren die Darmtätigkeit.

Zuckerersatz

Die gängigsten und bekanntesten Zuckerersatzstoffe sind mittlerweile Birkenzucker (Xylit), Erythrit und Stevia. Du kannst alle drei in der Low-Carb-Küche zum Süßen verwenden. Zuckerersatzstoffe werden durch chemische Prozesse gewonnen. Welchen bzw. ob du überhaupt Zuckerersatz verwenden möchtest, solltest du selbst entscheiden. Wenn du Vollrohrzucker kaufst, kannst du zwar sicher sein, dass darin keine chemischen Stoffe versteckt sind, aber Zucker ist und bleibt nun einmal Zucker – mit all seinen Folgen für die Gesundheit. Zucker macht krank, denk nur an Übergewicht, Karies oder Diabetes. Die von mir am häufigsten verwendeten Zuckerersatzstoffe bergen diese Gefahr nachweislich nicht.

Xylit

Xylit ist auch unter dem Namen Birkenzucker bekannt. Es handelt sich dabei um einen natürlich vorkommenden Zuckeralkohol, der ursprünglich aus dem Holz finnischer Birken gewonnen wurde. Dieser Holzzucker kommt aber nicht nur in Birken- bzw. Hartholz vor, sondern auch in vielen Gemüse- und Obstsorten. Aufgrund der steigenden Nachfrage wird Birkenzucker mittlerweile nicht mehr nur aus Holzfasern gewonnen, sondern oft aus landwirtschaftlichen Reststoffen (Maiskolbenreste, Stroh), die preisgünstiger sind. Du solltest Xylit unbedingt im Bio-Laden kaufen, denn dann kannst du relativ sicher sein, dass er nicht aus gentechnisch verändertem Mais hergestellt wurde.

Die Vorteile von Birkenzucker

- Du kannst damit warme und kalte Speisen sowie Getränke süßen.
- Er enthält 75 % weniger Kohlenhydrate als normaler Zucker.
- Du kannst damit Haushaltszucker im Verhältnis 1:1 ersetzen.
- Er sieht aus wie Zucker und schmeckt wie Zucker.
- Birkenzucker kann für alle Altersstufen sowie für Diabetiker verwendet werden.
- Xylit ist erwiesenermaßen zahnfreundlich und wird oft bei der Herstellung von Kaugummis eingesetzt.
- Er verursacht keine übermäßige Ausschüttung von Insulin, das heißt, er lässt den Blutzuckerspiegel weder drastisch ansteigen noch fallen. Dadurch entsteht ein längeres Sättigungsgefühl.

Die Nachteile von Birkenzucker

- Birkenzucker hat einen leicht frischen, kühlen Nachgeschmack auf der Zunge.
- Vor allem am Anfang der Verwendung kann Birkenzucker zu Blähungen und Durchfall führen. Bei vielen Menschen wirken schon kleine Mengen stark abführend. Auch wenn sich der Körper an Xylit gewöhnt, solltest du immer sparsam damit süßen.
- Für Hunde ist Xylit bereits in kleinen Mengen tödlich. Hundebesitzern empfehle ich daher, auf einen anderen Zuckerersatz zurückzugreifen.

Erythrit

Erythrit kommt ebenfalls in Pflanzen vor, zum Beispiel in Wassermelonen, Weintrauben und Birnen. Um diesen Zuckeralkohol zu gewinnen, wird Traubenzucker (Glukose) mithilfe von Pilzen vergoren. Wegen der großen Nachfrage wird Erythrit auch durch chemische Verfahren aus Mais oder Weizen hergestellt. Damit du kein Produkt kaufst, für das gentechnisch veränderte Rohstoffe verwendet wurden, solltest du beim Hersteller nachfragen.

Vorteile von Erythrit

- Erythrit hat null Kalorien und ist ideal zum Abnehmen.
- Da er von unserem Körper so gut wie nicht verstoffwechselt wird, hat er keinen Einfluss auf unseren Blutzuckerspiegel. Dadurch kommt es nicht zu Heißhungerattacken.
- Der Zuckerersatzstoff ist für Diabetiker, aber auch für alle Altersgruppen geeignet.
- Erythrit sieht aus wie Zucker.
- Er ist zahnfreundlich, weil er Kariesbakterien keine Nahrung bietet.
- Erythrit ist gesundheitlich unbedenklich und wirkt sich nicht auf den Magen-Darm-Trakt aus. Selbst wenn man größere Mengen zu sich nimmt, hat er bei den meisten Menschen keine abführende Wirkung.

Nachteile von Erythrit

- Genau wie Birkenzucker hinterlässt Erythrit einen frischen, kühlen Nachgeschmack auf der Zunge.
- Erythrit besitzt nur etwa 70 % der Süßkraft von Zucker. Du kannst ihn deshalb nicht im Verhältnis 1:1 ersetzen.

Stevia

Stevia wird aus den Blättern der ursprünglich aus Südamerika stammenden gleichnamigen Pflanze gewonnen. Wegen ihrer Süße wird sie auch Honig- oder Süßkraut genannt. Da die Blätter in Europa nicht als Zuckerersatz zugelassen sind, sondern nur die Extrakte der Pflanze, müssen diese durch verschiedene chemische Prozesse gewonnen werden. Anschließend wird das Steviapulver kristallisiert oder zu flüssigem Zuckerersatz weiterverarbeitet.

Glücklicherweise gibt es in vielen Gärtnereien Steviapflanzen zu kaufen, die du im Garten, auf dem Balkon oder der Fensterbank anbauen kannst. Zum Süßen von Tee oder Kaffee verwendest du einfach die Blätter oder du machst daraus deine eigene Flüssigsüße.

Steviablätter

Für eine **selbst gemachte Stevia-Flüssigsüße** brauchst du 250 ml Wasser und eine Handvoll frische Steviablätter. Schneide die Blätter in feine Streifen und lass sie mit dem Wasser bei mittlerer Hitze etwa 10 Minuten köcheln. Flüssigkeit auskühlen lassen und in ein Glas abseihen. Im Kühlschrank ist die selbst gemachte Stevia-Flüssigsüße etwa 2 Wochen haltbar.

Vorteile von Stevia

- Der Urwald-Zuckerersatz hat null Kalorien und deshalb keine Auswirkungen auf den Blutzuckerspiegel. Dadurch bleiben Heißhungerattacken aus.
- Stevia ist nicht nur für Diabetiker, sondern auch für alle Altersgruppen geeignet.
- Der Zuckerersatzstoff ist sehr zahnfreundlich und verursacht keine Karies.

Kokosblütenzucker

- Die Süßkraft von reinem Stevia ist 30-mal höher als die von normalem Haushaltszucker. Allerdings mischen viele Firmen Stevia mit anderen Stoffen, damit man es 1:1 als Zuckerersatz verwenden kann.
- Stevia hat keine unerwünschten Nebenwirkungen.

Nachteile von Stevia

- Speisen, die ausschließlich mit Stevia gesüßt werden, haben oft einen bitteren, lakritzartigen Nachgeschmack.

Gibt es einen gesunden Mittelweg zwischen Zuckerersatz und Zucker?

Ja, den gibt es! Wenn du keine Zuckerersatzstoffe verwenden und dennoch nicht auf Süßes verzichten möchtest, gibt es eine gesunde Alternative: Kokosblütenzucker.

Kokosblütenzucker wird aus dem frischen Saft der Kokosblüte gewonnen. Er schmeckt überhaupt nicht nach Kokos, sondern eher nach Karamell.

Im Gegensatz zu Haushaltszucker hat er einen viel niedrigeren glykämischen Index. Das hat den Vorteil, dass der Blutzuckerspiegel nur sehr langsam ansteigt bzw. fällt. Zwar ist er für deine Wohlfühlfigur nicht ganz so ideal wie die natürlichen Zuckerersatzstoffe, aber immer noch viel besser und gesünder als normaler Zucker!

No an Tipp

Mittlerweile bekommt man in vielen Geschäften verschiedene Zuckerersatzstoffe zu sehr günstigen Preisen. Ich empfehle dir aber, die Zuckerersatzstoffe immer im Bioladen zu kaufen. Zwar sind sie dort etwas teurer, aber von besserer Qualität. Bei der Billigware wird den natürlichen Zuckerersatzstoffen oft billiger Süßstoff (z. B. Aspartam) beigemischt, der gesundheitsschädlich ist und überhaupt nicht beim Abnehmen hilft.

Grüne Smoothies

Wenn du mich schon von meinem Blog oder aus den sozialen Medien kennst, dann weißt du, dass ich grüne Smoothies über alles liebe!

Sie sind für mich allerdings kein Mahlzeitersatz, sondern ich trinke sie gerne zum Frühstück oder immer mal wieder einen Schluck zwischendurch.

Grüne Smoothies – lecker und gesund

Grüne Smoothies enthalten dank der grünen Blätter sehr viel lebenswichtiges Chlorophyll, das Darm und Leber reinigt bzw. entgiftet und sogar Krebs vorbeugen kann.

Ein grüner Smoothie ist für mich ein Mittel aus der Gartenapotheke, das mir vor allem wegen der gesundheitlichen Vorteile so gut schmeckt. 😊

Jedenfalls fühle ich mich, seitdem ich sie trinke, gesünder und fitter.

Tipps für die Zubereitung und den richtigen Genuss

- Ein grüner Smoothie sollte etwa 60 % grüne Blätter und 40 % Obst enthalten. Verwende am Anfang lieber einen höheren Obstanteil, das schmeckt besser und du gewöhnst dich leichter an den herben, etwas bitteren Geschmack des Blattgemüses.
- Ein bis zwei Obst- und Blattgemüsesorten reichen. Weniger schmeckt oft besser und der Körper – sprich deine Verdauung – kann sich besser darauf einstellen.

- Gojibeeren, Gersten-Weizengras-Pulver, Chia-Samen und andere Superfoods solltest du eher sparsam einsetzen. Wenn du darauf nicht verzichten willst, dann mische immer nur eines dieser Wundermittel unter deinen Smoothie.
- Auf keinen Fall gehören Milchprodukte, Nüsse, Hülsenfrüchte oder Gemüsesorten in einen grünen Smoothie. Diese Lebensmittel bringen gerne die Verdauung durcheinander und verhindern sogar teilweise die Aufnahme der wertvollen Inhaltstoffe des Blattgrüns.
- Sollte dir der Smoothie zu dickflüssig sein, kannst du ihn mit Wasser verdünnen.
- Gib beim Mixen einen oder zwei Eiswürfel dazu. Dadurch geht das in den grünen Blättern enthaltene Chlorophyll nicht verloren. Ein Nebeneffekt ist, dass auch die grüne Farbe erhalten bleibt. Du kannst statt der Eiswürfel natürlich auch in Stücke geschnittenes tiefgefrorenes Obst verwenden.
- Wenn du magst, kannst du auch verschiedene gesunde Öle unter den Smoothie rühren, zum Beispiel Kokos-, Traubenkern-, Lein- oder Hanföl.
- Trinke den Smoothie immer ganz langsam. Du solltest die Schlucke sogar etwas länger im Mund behalten und kauen, damit du so viele Nährstoffe wie möglich aufnehmen kannst.
- Und ganz wichtig: Bring Abwechslung in deinen Smoothie! Verwende immer wieder anderes Obst bzw. Blattgemüse. Zum Blattgemüse zählen zum Beispiel alle grünen Salatsorten, Spinat, Mangold, Sellerieblätter oder Wildkräuter, aber auch Himbeer- und Erdbeerblätter.

10 Minuten + Garzeit

GLUTEN-FREI

Porreesuppe

Lauchsuppe

MENGE: 2 PORTIONEN

Wos brauchi olls?

500 g Lauch
50 g Butter
500 ml Fleischsuppe (siehe Seite 188)
Salz
Pfeffer
2 Scheiben Speck

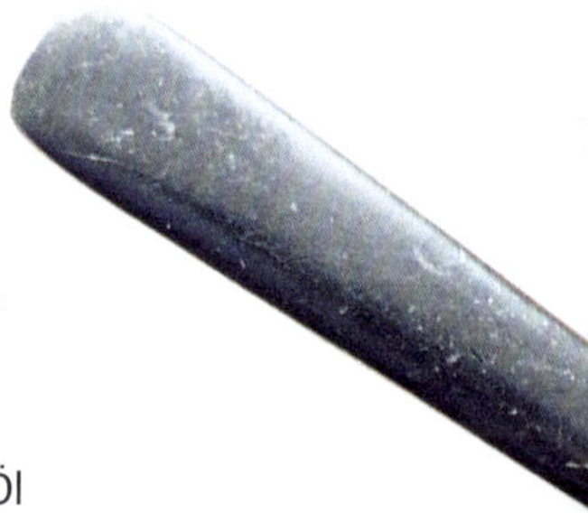

Wia mochi des?

1. Den Lauch putzen, in Ringe schneiden und in der Butter andünsten.
2. Mit Fleischsuppe aufgießen und etwa 25 Minuten köcheln lassen.
3. Mit Salz und Pfeffer würzen und im Mixer fein pürieren.
4. Die Speckscheiben in Streifen schneiden und in einer Pfanne ohne Öl kurz anbraten.
5. Die Suppe mit dem angebratenen Speck bestreuen und servieren.

No an Tipp

Für eine vegetarische Variante ersetzt du die Fleischsuppe einfach durch Wasser und lässt den Speck weg.

Veganer ersetzen außerdem Butter durch Öl.

10 Minuten + Garzeit

GLUTENFREI
+
VEGETARISCH

Peperonisuppe

MENGE: 2 PORTIONEN

Wos brauchi olls?

2 gelbe Peperoni
2 rote Peperoni
1 Zwiebel, fein geschnitten
2 Knoblauchzehen, fein gehackt
2 EL neutrales Öl zum Anbraten
750 ml Wasser
50 ml Sahne
Salz
Pfeffer
1 EL Schnittlauch, fein geschnitten

Wia mochi des?

1. Die Peperoni nach Farben getrennt putzen und grob zerkleinern.
2. Die Zwiebel- und Knoblauchwürfel auf zwei Töpfe verteilen und in Öl andünsten.
3. Peperoni (getrennt nach Farben) dazugeben und kurz mitdünsten lassen.
4. Mit Wasser aufgießen und etwa 30 Minuten köcheln lassen.
5. Die Sahne zugeben, mit Salz und Pfeffer würzen und getrennt im Mixer fein pürieren.
6. Die gelbe und die rote Peperonisuppe gleichzeitig in Teller oder Suppentassen gießen.
7. Mit Schnittlauch garniert servieren.

Du kannst natürlich auch alles in einem Topf kochen, die Suppe wird dann orange, schmeckt aber genauso gut!

Wenn es nicht vegetarisch sein soll, kannst du das Wasser durch dieselbe Menge Fleischsuppe (siehe Seite 188) ersetzen.

Für eine vegane Variante nimmst du statt Sahne einfach Hafersahne oder eine andere pflanzliche Alternative.

No an Tipp

No an Tipp

Wenn du keinen frischen Ingwer hast, kannst du auch Ingwer- oder Currypulver zum Würzen verwenden.

Für die vegane Variante ersetzt du die Fleischsuppe durch Wasser und lässt die Garnelen weg.

15 Minuten + Garzeit

GLUTEN-FREI

Gelbruabn-Ingwer-Suppe mit Garnelen

Karotten-Ingwer-Suppe mit Garnelen

MENGE: 2 PORTIONEN

Wos brauchi olls?

5 Karotten
4 EL neutrales Öl zum Anbraten
1 Zwiebel, fein geschnitten
1 Knoblauchzehe, fein gehackt
500 ml Fleischsuppe (siehe Seite 188)
Salz
Pfeffer
etwas Ingwer, gerieben
6 Garnelen
Kürbiskernöl zum Garnieren

Wia mochi des?

1. Die Karotten schälen und in grobe Würfel schneiden.
2. 2 Esslöffel Öl in einem Topf erhitzen, Zwiebel- und Knoblauchwürfel darin farblos anschwitzen. Karotten zugeben und mitdünsten lassen.
3. Mit Fleischsuppe aufgießen und etwa 20 Minuten köcheln lassen.
4. Mit Salz, Pfeffer und Ingwer würzen und im Mixer fein pürieren.
5. Die Garnelen auf Holzspieße stecken und im restlichen Öl rundum anbraten.
6. Die Suppe auf Teller verteilen, mit Kürbiskernöl garnieren und mit den Garnelenspießen servieren.

No an Tipp

Für die vegane Variante nimmst du statt Sahne einfach Hafersahne oder eine andere pflanzliche Alternative.

10 Minuten + Garzeit

GLUTENFREI + VEGETARISCH

Champignoncremesuppe

MENGE: 2 PORTIONEN

Wos brauchi olls?

1 Zwiebel, fein geschnitten
1 Knoblauchzehe, fein gehackt
2 EL neutrales Öl zum Anbraten
400 g Champignons
50 ml Weißwein
400 ml Wasser
50 ml Sahne
Salz
Pfeffer
1 EL Schnittlauch, fein geschnitten
2 Champignons, in Scheiben geschnitten und gebraten

Wia mochi des?

1. Zwiebel- und Knoblauchwürfel in Öl andünsten.
2. Die Champignons putzen, vierteln und so lange mitdünsten, bis die Flüssigkeit verdunstet ist.
3. Mit Weißwein ablöschen und mit Wasser aufgießen.
4. Etwa 20 Minuten köcheln lassen.
5. Die Sahne zugeben, mit Salz und Pfeffer würzen und alles im Mixer fein pürieren.
6. Die Suppe auf Teller oder Schälchen verteilen. Mit Schnittlauch und gebratenen Champignons garnieren.

20 Minuten + Garzeit

Gemüsesuppe

MENGE: 2 PORTIONEN

Wos brauchi olls?

½ Lauchstange
2 Karotten
1 Zucchini
¼ Blumenkohl
2 EL neutrales Öl zum Anbraten
1 EL Tomatenmark
50 ml Rotwein
1 l Wasser
Salz
Pfeffer
Petersilie, fein geschnitten
6 gekochte Broccoliröschen zum Garnieren

Wia mochi des?

1. Das Gemüse putzen, waschen und in kleine Würfel schneiden.
2. Öl in einem Topf erhitzen und das Gemüse darin etwa 10 Minuten anschwitzen.
3. Tomatenmark zugeben und kurz rösten.
4. Mit Rotwein ablöschen und die Flüssigkeit einkochen lassen.
5. Mit Wasser aufgießen und so lange köcheln lassen, bis das Gemüse weich ist.
6. Die Suppe mit Salz, Pfeffer und Petersilie würzen.
7. Auf Teller oder Suppentassen verteilen und mit Broccoliröschen garniert servieren.

No an Tipp

Du kannst für diese Suppe eigentlich alle Gemüsesorten verwenden, also auch Melanzane, Broccoli, Peperoni ...

VEGAN

No an Tipp

Wenn du einen Kürbis der Sorte Hokkaido verwendest, musst du ihn nicht schälen. Er kann mit Schale verwendet werden.

Du kannst die Suppe mit Gelbruabn-Steinpilz-Rösti (siehe Seite 61) servieren.

15 Minuten + Garzeit

VEGAN

Kurkuma-Kürbissuppe

MENGE: 2 PORTIONEN

Wos brauchi olls?

500 g Kürbis
1 Zwiebel, fein geschnitten
1 Knoblauchzehe, fein gehackt
2 EL neutrales Öl zum Anbraten
500 ml Wasser
Salz
Pfeffer
2 TL Kurkuma
Sellerieblätter, in Streifen geschnitten
Kürbiskernöl zum Garnieren

Wia mochi des?

1. Den Kürbis schälen, entkernen und in Würfel schneiden.
2. Zwiebel- und Knoblauchwürfel in Öl farblos anschwitzen.
3. Den Kürbis dazugeben und kurz mitdünsten lassen.
4. Mit Wasser aufgießen und so lange köcheln lassen, bis der Kürbis weich ist.
5. Mit Salz, Pfeffer und Kurkuma würzen, in den Mixer geben und fein pürieren.
6. Die Suppe mit Sellerieblättern und Kürbiskernöl garniert servieren.

Für die vegane Variante ersetzt du die Sahne durch Hafersahne oder lässt sie einfach weg.

No an Tipp

10 Minuten + Garzeit

GLUTENFREI
+
VEGETARISCH

Paradeisersuppe

Tomatensuppe

MENGE: 2 PORTIONEN

Wos brauchi olls?

4 Tomaten
2 Zwiebeln, fein geschnitten
1 Knoblauchzehe, fein gehackt
2 EL neutrales Öl zum Anbraten
1 EL Weißwein
500 ml Wasser
50 ml Sahne
Salz
Pfeffer
Oregano
1 EL Schnittlauch, fein geschnitten

Wia mochi des?

1. Die Tomaten waschen, den Stielansatz herausschneiden und grob würfeln.
2. Zwiebel- und Knoblauchwürfel in Öl farblos anschwitzen und Tomatenwürfel zugeben.
3. Mit Weißwein ablöschen und mit Wasser aufgießen.
4. Alles etwa 20 Minuten köcheln lassen.
5. Die Sahne dazugeben und mit Salz, Pfeffer und Oregano würzen.
6. Die Suppe im Mixer fein pürieren und mit Schnittlauch garniert servieren.

20 Minuten + Garzeit

GLUTENFREI
+
VEGETARISCH

Spargelsuppe

MENGE: 2 PORTIONEN

Wos brauchi olls?

300 g weißer Spargel
2 l Wasser
1 Zwiebel
2 Knoblauchzehen
Butter zum Anbraten
1 EL Weißwein
200 ml Sahne
¼ Zitrone, Saft
Salz
Pfeffer
1 EL Schnittlauch, fein geschnitten
2 Radieschen, in Scheiben geschnitten
Tomatensalz zum Garnieren

Wia mochi des?

1. Den Spargel schälen und die holzigen Enden abschneiden.
2. Die Schalen mit dem Wasser so lange kochen, bis der Spargelfond auf die Hälfte eingekocht ist. Abseihen und Fond warm halten.
3. Zwiebel, Knoblauch und Spargel in grobe Stücke schneiden und in Butter andünsten.
4. Mit Weißwein ablöschen und mit Spargelfond aufgießen. Etwa 20 Minuten köcheln lassen.
5. Sahne und Zitronensaft dazugeben, mit Salz und Pfeffer würzen und im Mixer fein pürieren.
6. Die Suppe auf Teller oder Suppentassen verteilen und mit Schnittlauch, Radieschen und Tomatensalz garniert servieren.

Wenn sich deine Familie nicht Low Carb ernährt, kannst du ihr als Suppeneinlage gekochte Quinoa oder Amaranth servieren.

No an Tipp

No an Tipp

Für eine nicht-vegane Variante kannst du statt Wasser Fleischsuppe (siehe Seite 188) verwenden.

15 Minuten + Garzeit

GLUTENFREI
+
VEGAN

Zwiebelsuppe

MENGE: 2 PORTIONEN

Wos brauchi olls?

500 g Zwiebeln
2 EL neutrales Öl zum Anbraten
1 EL Tomatenmark
100 ml Rotwein
1 Lorbeerblatt
400 ml Wasser
Salz
Pfeffer
1 EL Schnittlauch, fein geschnitten

Wia mochi des?

1. Die Zwiebeln schälen und in dünne Scheiben schneiden.
2. Öl in einer Pfanne erhitzen und Zwiebelringe darin langsam goldgelb anrösten.
3. Das Tomatenmark dazugeben und kurz mitrösten lassen.
4. Mit Rotwein ablöschen und alles in einen kleinen Topf umschütten.
5. Lorbeerblatt dazugeben, mit Wasser aufgießen und die Suppe etwa 10 Minuten köcheln lassen.
6. Mit Salz und Pfeffer würzen und mit Schnittlauch garniert servieren.

Silvi auf Tour

Pflegerhof, Kastelruth

Wer gerne Kräutertee trinkt oder sein Essen mit Kräutern würzt, kennt natürlich die Produkte vom Pflegerhof.

Ich verwende sie schon seit Jahren, aber erst jetzt bin ich nach Kastelruth gefahren, um den Hof in Augenschein zu nehmen. Ich wollte sehen, wer hinter dem ersten Südtiroler Bio-Kräuterhof steckt und wo die „guatn Sachelen“ wachsen.

Von Bozen kommend, führt eine kurvige Straße an einzelnen Höfen vorbei bis zum Pflegerhof in St. Oswald. Wenn man den Hofladen betritt, weht einem schon der Geruch der verschiedenen Kräuter entgegen. Wir haben sofort Lust auf einen leckeren Tee bekommen! Die beiden Chefinnen Martha und Cornelia haben uns auch gleich einen serviert, zusammen mit vielen Informationen über den Hof und den Kräuteranbau.

Während unser Sohn draußen auf dem Spielplatz tobte, konnten wir in Ruhe alle Produkte unter die Lupe nehmen und den Kräuteranbau bestaunen. Das Tolle ist, dass bei den Kräutern alles, wirklich alles, auf dem Hof gemacht wird: die Samenproduktion, die Aufzucht der Jungpflanzen, die Verarbeitung der Ernte und die Verpackung der fertigen Produkte.

Auf dem Pflegerhof bekommt ihr neben verschiedenen Kräutern und Blüten auch Kräuterteemischungen, Sternzeichentee, Gewürze bzw. Gewürzmischungen, Säfte und Sirup sowie Kräutersamen und Jungpflanzen – alles in Bio-Qualität.

Zum Angebot gehören außerdem Kosmetik- bzw. Wohlfühlprodukte, die allerdings nicht auf dem Hof, sondern in einem autorisierten Labor hergestellt werden.

Wer einmal in der Nähe ist oder ein nettes Ausflugsziel sucht, der sollte unbedingt auf dem Hof in St. Oswald vorbeischauen. Es lohnt sich! Allen anderen sei der Besuch des Webshops empfohlen.

Weitere Informationen findet ihr unter **www.pflegerhof.com** oder auf Facebook.

No an Tipp

Für die nicht-vegetarische Variante nimmst du statt Wasser einfach Fleischsuppe (siehe Seite 188).

Veganer können die Sahne weglassen oder durch Hafersahne bzw. eine andere pflanzliche Alternative ersetzen.

Du kannst natürlich auch andere Kräuter verwenden, ganz nach deinem Geschmack!

Als Einlage kannst du Kräuter-Topfennocken (siehe Seite 60) servieren.

15 Minuten

GLUTENFREI
+
VEGETARISCH

Kräutersuppe

MENGE: 2 PORTIONEN

Wos brauchi olls?

50 g Babyspinat
1 Zwiebel, fein geschnitten
1 Knoblauchzehe, fein gehackt
2 EL neutrales Öl zum Anbraten
500 ml Wasser
100 ml Sahne
50 g Kräuter (z. B. Basilikum, Thymian, Petersilie)
Salz
Pfeffer
getrocknete Blüten zum Garnieren
Petersilienblätter zum Garnieren

Wia mochi des?

1. Den Babyspinat putzen und kurz in kochendem Salzwasser blanchieren. Herausnehmen und in Eiswasser abschrecken.
2. Zwiebel- und Knoblauchwürfel in Öl andünsten.
3. Wasser und Sahne dazugeben und zum Kochen bringen.
4. Babyspinat und Kräuter zufügen, mit Salz und Pfeffer würzen und im Mixer fein pürieren.
5. Die Suppe auf Teller verteilen. Mit getrockneten Blüten und Petersilie garniert servieren.

Kräuter-Topfennocken

MENGE: 4–5 KLEINE NOCKEN

Wos brauchi olls?

100 g Topfen
1 Eigelb
40 g Mandelmehl
5 g Flohsamenschalen
5 g Pfeilwurzelmehl
Salz
Pfeffer
frische Kräuter, fein geschnitten

Wia mochi des?

1. Alle Zutaten in eine Schüssel geben und gut miteinander vermischen. 5 Minuten ruhen lassen.
2. Aus der Masse Nocken formen und in kochendes Salzwasser geben.
3. Etwa 10 Minuten bei mittlerer Hitze köcheln lassen.
4. Mit einer Schaumkelle herausnehmen und servieren.

5 Minuten + Ruhezeit + Garzeit

GLUTENFREI
+
VEGETARISCH

15 Minuten + Einweichzeit + Garzeit

GLUTENFREI
+
VEGETARISCH

Gelbruabn-Steinpilz-Rösti

Karotten-Steinpilz-Rösti

MENGE: 10 KLEINE RÖSTI

Wos brauchi olls?

1 Karotte
25 g getrocknete Steinpilze
2 Eier
Salz
Pfeffer
2 EL neutrales Öl zum Anbraten

Wia mochi des?

1. Die Karotte schälen und raspeln.
2. Die Steinpilze etwa 1 Stunde in Wasser einweichen. Abseihen, Pilze gut ausdrücken und grob zerkleinern.
3. Zusammen mit der geraspelten Karotte, Eiern, Salz und Pfeffer in eine Schüssel geben und alles gut verrühren.
4. Öl in einer Pfanne erhitzen. Die Rösti-Masse mit einem Löffel portionsweise hineingeben, etwas flach drücken und auf beiden Seiten goldgelb braten.

No an Tipp

Du kannst für die Rösti auch andere Gemüsesorten verwenden bzw. die Pilze weglassen.

Die Rösti sind auch eine tolle Beilage zu Fleisch- oder Fischgerichten.

Für Kinder kannst du zusätzlich noch geraspelte Süßkartoffeln unter die Rösti-Masse mischen.

10 Minuten + Garzeit

GLUTENFREI
+
VEGETARISCH

Avocado-Goggele

Avocado-Ei

MENGE: 2 PORTIONEN

Wos brauchi olls?

1 Avocado
1 Zitrone, Saft
2 Eier
Salz
Pfeffer
250 g Cocktailtomaten
½ Zwiebel, in Ringe geschnitten
1–2 EL Olivenöl
1 Rosmarinzweig
Petersilie zum Garnieren
Basilikum zum Garnieren

Wia mochi des?

1. Die Avocado waschen, mit Schale längs halbieren und den Kern herauslösen. Das Fruchtfleisch mit Zitronensaft beträufeln.
2. Die Eier aufschlagen und die Avocado damit füllen (eventuell vorher etwas aushöhlen). Mit Salz und Pfeffer würzen.
3. Die Cocktailtomaten vierteln und mit Zwiebelringen, Olivenöl, Salz und Rosmarin vermischen.
4. In eine Auflaufform geben und die Avocadohälften daraufsetzen.
5. Im auf 220 Grad (Ober-/Unterhitze) vorgeheizten Backofen etwa 30 Minuten garen.
6. Den Rosmarinzweig herausnehmen. Alles auf Tellern anrichten und mit Petersilie und Basilikum garnieren.

Das Avocado-Ei schmeckt auch sehr gut mit angebratenen Speckwürfeln, allerdings ist es dann nicht mehr vegetarisch.

Für Kinder kannst du noch Vollkornnudeln dazu kochen.

Den Kern der Avocado musst du nicht wegwerfen! Schau einmal auf meinem Blog nach, dort findest du Tipps, was du damit machen kannst:
www.silvislckuchl.com
(unter: „Infos" und „Schon gewusst …")

No an Tipp

GLUTENFREI
+
VEGETARISCH

20 Minuten + Garzeit

Gefüllte Zucchini

MENGE: 2 PORTIONEN

Wos brauchi olls?

4 runde Zucchini
300 g Pfifferlinge, geputzt
½ Zwiebel, fein geschnitten
1 Knoblauchzehe, fein gehackt
2 EL neutrales Öl zum Anbraten
150 g Topfen
½ Bund Schnittlauch, fein geschnitten
Salz
Pfeffer
Kresse zum Garnieren

Wia mochi des?

1. Die Zucchini mit einem Löffel aushöhlen, sodass ein etwa 1 cm dicker Rand stehen bleibt. Auf ein Backblech oder in eine Auflaufform setzen und etwa 40 Minuten im auf 180 Grad (Ober-/Unterhitze) vorgeheizten Backofen garen.
2. Pfifferlinge putzen und große Exemplare eventuell zerkleinern.
3. Zwiebel- und Knoblauchwürfel in Öl andünsten.
4. Pfifferlinge dazugeben und so lange dünsten, bis die Flüssigkeit verdunstet ist.
5. Vom Herd nehmen und den Topfen untermischen. Mit Schnittlauch, Salz und Pfeffer würzen.
6. Die Zucchini mit der Pfifferling-Topfen-Masse füllen und mit Kresse garniert servieren.

No an Tipp

Für die vegane Variante ersetzt du den Topfen durch Tomatensauce (siehe Seite 190).

Wenn du grüne und gelbe Zucchini nimmst, sieht das Gericht auf dem Teller noch einmal so gut aus.

Für Kinder kannst du Vollkornreis oder Quinoa dazu kochen.

Die Champignons kannst du auch mit vielen anderen Dingen füllen, zum Beispiel mit Fleisch, Schinken, Gemüse …

Kindern kannst du als Beilage Vollkornreis, Couscous oder Amaranth servieren.

No an Tipp

10 Minuten + Garzeit

GLUTENFREI
+
VEGETARISCH

Gefüllte Champignons

MENGE: 2 PORTIONEN

Wos brauchi olls?

20 große Champignons
1 Zwiebel, fein geschnitten
1 Knoblauchzehe, fein gehackt
2 EL neutrales Öl zum Anbraten
Salz
Pfeffer
Schnittlauch, fein geschnitten
150 g Ricotta oder Topfen
Petersilienblätter zum Garnieren

Wia mochi des?

1. Die Champignons putzen und den Stiel vorsichtig herausdrehen.
2. Stiele in kleine Würfel schneiden.
3. Zwiebel- und Knoblauchwürfel in Öl farblos anschwitzen, Champignonstiele dazugeben und mitdünsten.
4. Mit Salz, Pfeffer und Schnittlauch würzen.
5. Den Ricotta unterrühren und die Champignons mit der Masse füllen.
6. In eine Auflaufform oder auf ein mit Backpapier ausgelegtes Backblech setzen und etwa 25 Minuten im auf 180 Grad (Ober-/Unterhitze) vorgeheizten Backofen garen.
7. Mit Petersilie garniert servieren.

No an Tipp

Du kannst die Pizzette-Böden auch aus Zucchini oder Broccoli machen.

Wenn du die Pizzette lieber vegetarisch magst, dann belegst du sie einfach mit gegrilltem Gemüse oder Zwiebeln.

Beim Belegen deiner Pizzette sind deiner Fantasie keine Grenzen gesetzt – vorausgesetzt, die Lebensmittel sind Low Carb.

Karfiolpizzette

Blumenkohlpizzette

15 Minuten + Garzeit

GLUTEN-FREI

MENGE: 12 PIZZETTE

Wos brauchi olls?

300 g Blumenkohl
2 Eier
50 g Parmesan, gerieben
Salz
Pfeffer
100 ml Tomatensauce (siehe Seite 190)
Oregano
1 Knoblauchzehe, fein gehackt
Schinken
Pilze
1 Kugel Mozzarella, in Würfel geschnitten
Basilikum zum Garnieren

Wia mochi des?

1. Blumenkohl putzen, waschen, in Röschen teilen und im Mixer grob zerkleinern.
2. Den zerkleinerten Blumenkohl in ein Küchentuch geben und gut ausdrücken, damit ihm das Wasser entzogen wird.
3. Mit Eiern, Parmesan, Salz und Pfeffer zu einer homogenen Masse verrühren.
4. Die Masse mithilfe eines Esslöffels so auf ein mit Backpapier ausgelegtes Backblech geben, dass runde, etwa 1 cm dicke Pizzette-Böden entstehen.
5. Etwa 20 Minuten im auf 200 Grad (Ober-/Unterhitze) vorgeheizten Backofen backen. Umdrehen und noch einmal 5 Minuten backen.
6. Die Tomatensauce mit Oregano, Knoblauch, Salz und Pfeffer würzen.
7. Die Pizzette-Böden damit bestreichen und mit Schinken, Pilzen und Mozzarella belegen. Im Backofen so lange backen, bis der Käse geschmolzen ist.
8. Mit Basilikum garniert servieren.

Silvi auf Tour

Brimi, Brixen

Natürlich kennt jeder in Südtirol den Milchhof Brixen – Brimi und seine Produkte. Weil ich wissen wollte, weshalb das Unternehmen so bekannt ist und was die Brimi vielleicht sogar von anderen Milchhöfen unterscheidet, habe ich eine Führung mitgemacht. Natürlich durfte ich dabei auch alle Produkte verkosten!

Es ist unglaublich, was alles passieren muss, damit die Milch vom Südtiroler Bauernhof als Mozzarella auf unserem Teller landet. Man sieht immer nur das fertige Produkt, doch wie viele Produktionsschritte erforderlich sind, weiß kaum einer. Ich wusste es jedenfalls nicht und habe mir darüber vorher auch keine Gedanken gemacht. Nach meinem Besuch weiß ich es und schätze die Milchprodukte umso mehr. Denn sie sind nicht nur frei von Gentechnik, sondern zu 100 % aus Südtiroler Milch. Außerdem arbeitet der Milchhof sehr umweltbewusst und unterstützt unsere Südtiroler Bauern.

Brimi ist vor allem für seine Mozzarella bekannt. Die gibt es aus konventioneller Milch, aus Heumilch, als Bio-Mozzarella, laktosefrei und als Lightversion. Ich habe alle gekostet und festgestellt, dass jede Sorte ihren eigenen Geschmack hat. Besonders gut gefallen mir die Produkte der Bio-Linie, aber auch die aus Heumilch kaufe ich immer wieder gerne.

Mehr Informationen findet ihr unter
www.brimi.it oder auf Facebook.
Hier gibt es auch tolle Rezeptideen!

Melanzanetürmchen

Auberginentürmchen

MENGE: 2 PORTIONEN

25 Minuten + Garzeit

GLUTENFREI
+
VEGETARISCH

Wos brauchi olls?

2 kleine Melanzane
4 EL neutrales Öl zum Anbraten
1 Zwiebel, fein geschnitten
1 Knoblauchzehe, fein gehackt
50 g gelbe Peperoni, in Würfel geschnitten
50 g rote Peperoni, in Würfel geschnitten
80 g Zucchini, in Würfel geschnitten
1 TL Tomatenmark
70 ml Tomatensauce (siehe Seite 190)
Salz
Pfeffer
Thymian
50 g Mozzarella, in Würfel geschnitten
Thymianblättchen zum Garnieren

Wia mochi des?

1. Die Melanzane putzen und in 1 cm dicke Scheiben schneiden. Öl in einer Pfanne erhitzen und Melanzane darin anbraten. Herausnehmen und beiseitestellen.
2. Zwiebel- und Knoblauchwürfel in derselben Pfanne farblos anschwitzen.
3. Peperoni und Zucchini dazugeben und kurz mitdünsten lassen.
4. Das Tomatenmark zufügen und etwas anrösten.
5. Tomatensauce zugeben und mit Salz, Pfeffer und Thymian würzen.
6. Die Melanzane mit dem Gemüseragout und der Mozzarella zu vier Türmchen schichten. Dabei immer mit Melanzane abschließen.
7. Die Türmchen auf ein mit Backpapier ausgelegtes Backblech setzen.
8. Etwa 20 Minuten im auf 180 Grad (Ober-/Unterhitze) vorgeheizten Backofen garen.
9. Mit Thymianblättchen garnieren und zusammen mit dem restlichen Gemüseragout servieren.

Du kannst für das Gemüseragout natürlich auch alle anderen Gemüsesorten verwenden, die dir schmecken. Versuche es ruhig einmal mit Karotten oder Kürbis.

Kindern servierst du als Beilage Couscous, Quinoa oder Vollkornreis.

No an Tipp

No an Tipp

Du kannst die Roulade mit Schinken oder Thunfisch füllen, allerdings ist sie dann nicht mehr vegetarisch.

Für den Teig kannst du auch Broccoli, Spinat oder Karotten verwenden.

15 Minuten + Garzeit

Zucchiniroulade

GLUTENFREI
+
VEGETARISCH

MENGE: 2 PORTIONEN

Wos brauchi olls?

3–4 Zucchini
50 g Parmesan, gerieben
2 Eier
Salz
Pfeffer
2 Kugeln Mozzarella
2 Tomaten
Parmesan zum Garnieren

Wia mochi des?

1. Die Zucchini raspeln, in ein Küchentuch geben und gut ausdrücken.
2. Mit Parmesan, Eiern, Salz und Pfeffer vermengen und die Masse etwa 1 cm dick auf ein mit Backpapier ausgelegtes Backblech streichen.
3. Etwa 15 Minuten im auf 180 Grad (Ober-/Unterhitze) vorgeheizten Backofen backen.
4. Mozzarella und Tomaten in kleine Würfel schneiden und auf dem Teig verteilen.
5. Den Teig mithilfe des Backpapiers aufrollen.
6. Die Roulade in Scheiben schneiden und mit Parmesan garniert servieren.

20 Minuten + Garzeit

GLUTENFREI
+
VEGETARISCH

Kürbismuffins mit Spinat

MENGE: 4 MUFFINS

Wos brauchi olls?

150 g Kürbis (Hokkaido)
1 Zwiebel
2 EL neutrales Öl zum Anbraten
50 g Parmesan, gerieben
2 Eier
Salz
Pfeffer
Thymian
1 Knoblauchzehe, fein gehackt
50 g Babyspinat

Wia mochi des?

1. Den Hokkaido-Kürbis samt Schale raspeln, die Zwiebel schälen und in feine Würfel schneiden.
2. 1 Esslöffel Öl in einer Pfanne erhitzen. Die Hälfte der Zwiebelwürfel und den Kürbis darin dünsten.
3. Den gedünsteten Kürbis mit Parmesan, Eiern, Salz, Pfeffer und Thymian vermengen.
4. Ein Muffinblech mit Papierförmchen auslegen und die Kürbismasse hineinfüllen.
5. Die Muffins etwa 20–25 Minuten im auf 180 Grad (Ober-/Unterhitze) vorgeheizten Backofen backen.
6. Die restlichen Zwiebelwürfel und den Knoblauch in 1 Esslöffel Öl farblos anschwitzen. Den Babyspinat dazugeben und kurz mitdünsten. Mit Salz und Pfeffer würzen.
7. Die Muffins mit dem Spinat garniert servieren.

No an Tipp

Für Kinder kannst du unter die Kürbismasse noch 3 Esslöffel Haferflocken mischen.

Für Nicht-Vegetarier kannst du die Muffins auch mit Speck oder Thunfisch verfeinern.

Die Muffins schmecken auch kalt sehr gut. Sie lassen sich deshalb besonders gut zum Picknick oder als Jause mitnehmen.

Panierter Spargel mit Bozner Sauce

MENGE: 2 PORTIONEN

20 Minuten + Garzeit

GLUTEN-FREI

Wos brauchi olls?

250 g weißer Spargel
250 g grüner Spargel
Salz
1 EL Weißwein
1 Scheibe Zitrone
1 Ei
100 g Sesam
6 Scheiben Gouda (oder anderer Käse)
6 Scheiben gekochter Schinken
1 hart gekochtes Ei
2 EL Mayonnaise
1 EL Schnittlauch, fein geschnitten

Wia mochi des?

1. Den Spargel schälen und die holzigen Enden abschneiden. Einen Topf mit Wasser zum Kochen bringen. Salz, Weißwein und Zitrone dazugeben.
2. Den Spargel zufügen, bissfest kochen, herausnehmen und abtropfen lassen.
3. Das Ei verquirlen und salzen. Den Sesam im Mörser oder Mixer zerkleinern.
4. Immer 2–3 Spargelstangen mit einer Scheibe Gouda und einer Scheibe Schinken umwickeln. Durch das verquirlte Ei ziehen und mit Sesam panieren.
5. Die Spargelpäckchen auf ein mit Backpapier ausgelegtes Backblech legen und im auf 220 Grad (Ober-/Unterhitze) vorgeheizten Backofen etwa 15–20 Minuten garen.
6. Das gekochte Ei pellen. Das Eigelb in einer Schüssel mit einer Gabel zerdrücken und mit Mayonnaise verrühren.
7. Das Eiweiß klein hacken und zusammen mit Schnittlauch und Salz zur Mayonnaise geben.
8. Den Spargel auf Tellern anrichten und mit der Bozner Sauce servieren.

No an Tipp

Den grünen Spargel musst du nicht unbedingt schälen. Meist reicht es, wenn du die holzigen Enden abschneidest.

Du kannst den Spargel auch vegetarisch zubereiten. Ersetze den Schinken einfach durch dünne gegrillte Zucchinischeiben (siehe Foto).

Du kannst den Spargel in einer Mischung aus Sesam und Parmesan panieren.

Wenn es nicht Low Carb sein soll, kannst du zum Panieren den Sesam mit Vollkornbrotbröseln mischen.

Die Pizzaknödel lassen sich super zum Picknick mitnehmen. Sie schmecken sowohl warm als auch kalt.

Wenn du die Knödel nicht vegetarisch willst, kannst du noch Schinken, Thunfisch oder gebratenen Speck unter die Knödelmasse mengen.

No an Tipp

10 Minuten + Garzeit

VEGE-
TARISCH

Pizzaknedl

Pizzaknödel

MENGE: 7 KNÖDEL

Wos brauchi olls?

150 g Topfen
15 ml Olivenöl
50 ml Milch oder Wasser
25 g Haferkleie
100 g Mandeln, gemahlen
100 g Parmesan, gerieben
Salz
Pfeffer
Oregano
Tomatensauce zum Servieren (siehe Seite 190)

Wia mochi des?

1. Topfen, Olivenöl und Milch in einer Schüssel vermengen.
2. Haferkleie, Mandeln und Parmesan unterrühren und gut vermischen. Mit Salz, Pfeffer und Oregano würzen.
3. Aus der Masse Knödel formen und in Papierförmchen (für Muffins) setzen.
4. Die Förmchen auf ein Backblech stellen und im auf 160 Grad (Umluft) vorgeheizten Backofen etwa 20–25 Minuten backen.
5. Herausnehmen, auf Tellern anrichten und mit Tomatensauce servieren.

Zucchini-Topinambur-Gröstel

MENGE: 2 PORTIONEN

10 Minuten + Garzeit + Kühlzeit

GLUTENFREI + VEGETARISCH

Wos brauchi olls?

4 Topinambur
2 Zucchini
1 Zwiebel, fein geschnitten
2 EL Butter zum Anbraten
Salz
Pfeffer
1 TL Rosmarin, fein gehackt
Schnittlauch, fein geschnitten

Wia mochi des?

1. Die Topinambur schälen und in Salzwasser weich kochen. Abgießen und auskühlen lassen.
2. Topinambur in dünne Scheiben schneiden.
3. Die Zucchini waschen und in kleine Würfel schneiden.
4. Die Zwiebelwürfel in Butter anschwitzen. Zucchini und Topinambur dazugeben und kurz anbraten.
5. Mit Salz, Pfeffer und Rosmarin würzen.
6. Das Gröstel mit Schnittlauch garniert servieren.

No an *Tipp*

Für die vegane Variante brätst du das Gröstel nicht in Butter, sondern in Öl.

20 Minuten + Garzeit

Gemüselasagne

MENGE: 2 PORTIONEN

Wos brauchi olls?

1 Zwiebel
1 Knoblauchzehe
2 Karotten
1 Peperoni
5 Champignons
2 EL neutrales Öl zum Anbraten
50 ml Rotwein
250 ml Tomatensauce (siehe Seite 190)
250 g Mozzarella, in Scheiben geschnitten
Basilikum zum Garnieren

Wia mochi des?

1. Die Zwiebel und den Knoblauch in kleine Würfel schneiden.
2. Karotten, Peperoni und Champignons putzen und ebenfalls in kleine Würfel schneiden.
3. Öl in einem Topf erhitzen. Zwiebel-, Knoblauch- und Gemüsewürfel darin anschwitzen.
4. Mit Rotwein ablöschen und mit Tomatensauce aufgießen. Ein paar Minuten köcheln lassen.
5. Das Gemüse und die Mozzarella abwechselnd in eine Auflaufform schichten.
6. Die Lasagne etwa 20 Minuten im auf 180 Grad (Ober-/Unterhitze) vorgeheizten Backofen garen.
7. Mit Basilikum garniert servieren.

No an Tipp

Du kannst die Lasagne mit allen möglichen Gemüsesorten zubereiten. Nimm einfach dein Lieblingsgemüse! Besonders gut passen auch Fenchel und Melanzane.

Statt Mozzarella kannst du geriebenen Parmesan verwenden.

Für Kinder kannst du zusätzlich noch Vollkorn-Lasagneblätter verwenden.

GLUTENFREI
+
VEGETARISCH

Bioexpress, Algund

Ich finde es immer megaspannend, die Südtiroler Unternehmen, deren Produkte ich kaufe, genauer unter die Lupe zu nehmen. Deshalb war ich zu Besuch beim Bioexpress in Algund.

Hinter Bioexpress steckt eine Gruppe Südtiroler Biobauern, die ihr Obst und Gemüse direkt vermarktet. Um immer (also auch im Winter) eine möglichst große Auswahl an regionalen und saisonalen Produkten anbieten zu können, haben sie sich mit Bauern anderer italienischer Regionen zusammengeschlossen. Bananen und Ananas bzw. andere Dinge, die nicht in Italien wachsen, kommen von Fairtrade-Organisationen.

Du kannst dir, wenn du im Etschtal wohnst, die Produkte direkt an die Haustür liefern lassen. Außerdem findest du sie auch in allen vier Geschäften von Pur® Südtirol. Und für alle, die in Algund und Umgebung wohnen, gibt es die Möglichkeit direkt ab Magazin einzukaufen.
Jeden Freitag kannst du dir dort dein eigenes Bioexpress-Kistl zusammenstellen. Du bezahlst einen Pauschalpreis (je nach Größe der Kiste) und suchst dafür nach Herzenslust dein Obst und Gemüse aus. Eine Supersache!

Ich habe mich überall bei Bioexpress umgesehen. Erst zeigte mir Martin, der Chef, das Büro, von dem aus die Mitarbeiterinnen die Bestellungen managen. Dann gingen wir ins Magazin, wo die vielen Obst- und Gemüsesorten gelagert werden und wo die Mitarbeiter die Bioexpress-Kistln für die Kunden zusammenstellen.

Am besten ihr geht einmal freitags hin und packt euch euer Kistl selbst!

Weitere Infos findet ihr unter **www.bioexpress.it** oder auf Facebook.

Die Frittata schmeckt super, wenn du noch Schinken, Speck oder Thunfisch unter die Parmesan-Ei-Masse rührst. Allerdings ist sie dann nicht mehr vegetarisch.

Du kannst die Frittata kalt oder warm bzw. als Haupt- oder Vorspeise essen.

Noan Tipp

10 Minuten + Garzeit

GLUTENFREI + VEGETARISCH

Frittata

MENGE: 2 PORTIONEN

Wos brauchi olls?

60 g Parmesan
60 ml Milch
3 Eier
Salz
Pfeffer
2 EL neutrales Öl zum Anbraten
1 Zwiebel, fein geschnitten
1 Zucchini, in Scheiben geschnitten
5 Cocktailtomaten, geviertelt
Basilikum zum Garnieren

Wia mochi des?

1. Parmesan, Milch, Eier, Salz und Pfeffer in einer Schüssel gut verquirlen.
2. Öl in einer Pfanne erhitzen. Zwiebelwürfel und Zucchini darin andünsten. Kurz vor Ende der Garzeit die Tomaten dazugeben und etwas mitdünsten lassen.
3. Das Gemüse zur Parmesan-Ei-Mischung geben, gut unterrühren und in eine kleine Auflaufform gießen.
4. Im auf 200 Grad (Ober-/Unterhitze) vorgeheizten Backofen etwa 15–20 Minuten garen.
5. Mit Basilikum garniert servieren.

20 Minuten + Garzeit

Zoodles Carbonara

GLUTEN-FREI

MENGE: 2 PORTIONEN

Wos brauchi olls?

4 Zucchini
4 EL neutrales Öl zum Anbraten
40 g Parmesan, gerieben
150 ml Sahne
2 Eigelb
½ Bund Schnittlauch, fein geschnitten
Salz
Pfeffer
1 Zwiebel, fein geschnitten
1 Knoblauchzehe, fein gehackt
150 g Speck, in Würfel geschnitten
Basilikum zum Garnieren

Wia mochi des?

1. Die Zucchini mit einem Spiralschneider in dünne Spaghetti schneiden und in 2 Esslöffeln Öl scharf anbraten.
2. Den Parmesan mit Sahne, Eigelb und Schnittlauch verrühren und mit Salz und Pfeffer würzen.
3. Das restliche Öl in einer Pfanne erhitzen. Zwiebelwürfel, Knoblauch und Speck darin anbraten. Die Zucchininudeln zugeben und alles gut vermischen.
4. Vom Herd nehmen und die Parmesan-Ei-Masse unterrühren.
5. Zucchininudeln auf Tellern anrichten und mit Basilikum garniert servieren.

No an Tipp

Wenn du dir nicht extra einen Spiralschneider kaufen willst, kannst du die Zucchini auch mit einem Sparschäler in lange, dünne Streifen schneiden.

Die Zucchininudeln sind auch als vegane Variante mit Tomatensauce (siehe Seite 190) sehr lecker.

Für Kinder mischt du noch Vollkornspaghetti unter die Zoodles.

20 Minuten + Garzeit

Wokgemüse

GLUTENFREI
+
VEGAN

MENGE: 2 PORTIONEN

Wos brauchi olls?

2 rote Peperoni
4 Karotten
2 Zucchini
90 g Sojasprossen
1 Zwiebel, fein geschnitten
1 Knoblauchzehe, fein gehackt
2 EL neutrales Öl zum Anbraten
350 ml Kokosmilch
1–2 TL Currypulver
Pfeffer
Salz
Sojasauce
Kurkuma
2 gekochte Broccoliröschen zum Garnieren

Wia mochi des?

1. Peperoni, Karotten und Zucchini putzen, eventuell schälen und klein schneiden. Die Sojasprossen unter kaltem Wasser abbrausen.
2. Zwiebel- und Knoblauchwürfel in Öl farblos anschwitzen.
3. Das Gemüse dazugeben und kurz mitdünsten lassen.
4. Mit Kokosmilch aufgießen und so lange köcheln lassen, bis das Gemüse weich ist.
5. Mit Curry, Pfeffer, Salz, Sojasauce und Kurkuma würzen.
6. Auf Tellern anrichten und mit Broccoli garniert servieren.

No an Tipp

Beim Gemüse hast du die freie Wahl. Du kannst alles nehmen, was dir schmeckt! Gut passen z. B. Broccoli, Fenchel und Melanzane.

Du kannst auch weniger (oder mehr) Currypulver verwenden.

Kindern servierst du das Wokgemüse mit Vollkornreis oder Quinoa.

Fleischkrapflen mit Selleriepüree

25 Minuten + Garzeit

GLUTEN-FREI

MENGE: 2 PORTIONEN

Wos brauchi olls?

1 Knollensellerie
1 Zwiebel, fein geschnitten
1 Knoblauchzehe, fein gehackt
4 EL neutrales Öl zum Anbraten
250 ml Milch
Muskat
Salz
Pfeffer
300 g faschiertes Rindfleisch
1 Ei
40 g Ketchup
1 EL Sweet-Chili-Sauce
1 EL Sojasauce
1 TL Currypulver
1 Bund Schnittlauch, fein geschnitten
1 Frühlingszwiebel oder Schalotte, fein geschnitten
getrocknete Blüten zum Garnieren
Basilikum zum Garnieren

Wia mochi des?

1. Den Knollensellerie schälen und in grobe Würfel schneiden.
2. Zwiebel- und Knoblauchwürfel in 2 Esslöffeln Öl anschwitzen. Sellerie dazugeben und ebenfalls andünsten.
3. Mit Milch aufgießen und etwa 20 Minuten köcheln lassen.
4. Mit Muskat, Salz und Pfeffer würzen und im Mixer fein pürieren. Warm halten.
5. Das faschierte Rindfleisch mit Ei, Ketchup, Sweet-Chili-Sauce, Sojasauce, Currypulver und Salz verkneten.
6. Schnittlauch und Frühlingszwiebeln dazugeben und untermischen.
7. Aus der Masse etwa 2 cm dicke Fleischkrapflen formen und im restlichen Öl auf beiden Seiten braten.
8. Selleriepüree auf Teller geben und je ein Fleischkrapfl darauf anrichten. Mit getrockneten Blüten und Basilikum garniert servieren.

No an Tipp

Achte beim Ketchup darauf, dass er statt Zucker einen Zuckerersatzstoff enthält. Noch besser ist natürlich selbst gemachter Ketchup!

Du kannst die Fleischkrapflen auch mit Thymian, Paprikapulver oder Pfeffer würzen.

Du kannst die Sweet-Chili-Sauce und die Sojasauce weglassen.

Für Kinder machst du als Beilage Kartoffelpüree oder Quinoa.

No an Tipp

Achte beim Ketchup darauf, dass er statt Zucker einen Zuckerersatzstoff enthält. Noch besser ist natürlich selbst gemachter Ketchup!

Wenn du es nicht so scharf magst, dann lässt du die Chilipaste einfach weg. Du kannst auch die Menge des Currypulvers deinem Geschmack anpassen.

Die Currysauce kannst du nach Belieben mit verschiedenen weiteren Gewürzen verfeinern. Lass deiner Fantasie freien Lauf!

Du kannst die Topinambur natürlich auch mithilfe eines Gemüseschneiders in dünne Scheiben schneiden.

Kindern schmecken zur Currywurst Süßkartoffelchips, Kartoffelspalten oder Kartoffelchips besonders gut.

Currywurst mit Topinamburchips

MENGE: 2 PORTIONEN

30 Minuten + Garzeit

GLUTEN-FREI

Wos brauchi olls?

1 Zwiebel, fein geschnitten
2 Knoblauchzehen, fein gehackt
2 EL neutrales Öl zum Anbraten
1 EL Sojasauce
140 g Ketchup
140 ml Wasser
½ TL Chilipaste
2 EL Currypulver
1 TL Topfen
4 große Topinambur
Salz
Olivenöl
4 Bratwürste
Currypulver zum Garnieren

Wia mochi des?

1. Zwiebel- und Knoblauchwürfel in 1 Esslöffel Öl leicht anrösten und mit Sojasauce ablöschen.
2. Ketchup, Wasser, Chilipaste, Currypulver und Topfen dazugeben und alles ein paar Minuten köcheln lassen.
3. Topinambur schälen und mit dem Messer in dünne Scheiben schneiden. Salzen und 10 Minuten Wasser ziehen lassen. Mit einem Küchentuch gut abtupfen.
4. Topinambur mit Olivenöl bestreichen und gleichmäßig auf einem mit Backpapier ausgelegten Backblech verteilen.
5. Die Chips etwa 15–20 Minuten im auf 200 Grad (Ober-/Unterhitze) vorgeheizten Backofen knusprig backen.
6. Die Bratwürste auf beiden Seiten im restlichen Öl braten. Aus der Pfanne nehmen und in Scheiben schneiden.
7. Auf Teller verteilen, mit Sauce übergießen und mit Currypulver garnieren. Zusammen mit den Topinamburchips servieren.

Du kannst die Chia-Samen auch weglassen und das Fleisch mit einer Mischung aus Parmesan und Sesam panieren.

Zum Panieren eignen sich auch gemahlene Nüsse.

Kindern servierst du dazu noch Süßkartoffelchips.

No an Tipp

Chicken Nuggets mit Gemüsechips

MENGE: 2 PORTIONEN

25 Minuten + Garzeit

GLUTEN-FREI

Wos brauchi olls?

350 g Hühnerbrust
Salz
1 Ei
50 g Sesam, zerkleinert
50 g Parmesan, gerieben
1 EL Chia-Samen
1 Karotte
1 kleine Rohne
1 Zucchini
Olivenöl
Salz
Ketchup zum Servieren

Wia mochi des?

1. Die Hühnerbrust in mundgerechte Stücke schneiden und salzen.
2. Das Ei in einer Schale verquirlen. Sesam, Parmesan und Chia-Samen in einer zweiten Schale mischen.
3. Das Fleisch durch das verquirlte Ei ziehen und mit dem Sesam-Parmesan-Gemisch panieren.
4. Die panierten Fleischstücke auf ein mit Backpapier ausgelegtes Backblech legen und im auf 200 Grad (Umluft) vorgeheizten Backofen 20–25 Minuten backen.
5. Das Gemüse schälen bzw. putzen und mit einem Messer oder einem Gemüseschneider in dünne Scheiben schneiden.
6. Salzen und 10 Minuten Wasser ziehen lassen. Mit einem Küchentuch trocken tupfen.
7. Die Gemüsechips gleichmäßig auf einem mit Backpapier ausgelegten Backblech verteilen und mit Olivenöl bestreichen.
8. Im Backofen bei 150 Grad (Ober-/Unterhitze) etwa 40 Minuten knusprig backen.
9. Nuggets und Gemüsechips auf Tellern anrichten und mit Ketchup servieren.

Hiandlgratin

Hühnergratin

MENGE: 2 PORTIONEN

Wos brauchi olls?

2 Hühnerbrustfilets
2 EL Olivenöl
1 Knoblauchzehe, fein gehackt
edelsüßes Paprikapulver
2 Karotten
½ Fenchel
½ Knollensellerie
2 EL neutrales Öl zum Anbraten
1 Zwiebel, fein geschnitten
150 ml Sahne
Salz
Pfeffer
Schnittlauch, fein geschnitten

Wia mochi des?

1. Das Fleisch in etwa 1 cm große Würfel schneiden. Mit Olivenöl, Knoblauch und Paprikapulver vermengen und etwas marinieren lassen.
2. Karotten, Fenchel und Knollensellerie schälen bzw. putzen und in kleine Würfel schneiden.
3. Öl in einer Pfanne erhitzen. Die Zwiebelwürfel und das Gemüse darin anbraten.
4. Das Fleisch dazugeben und mitbraten.
5. Mit Sahne ablöschen und mit Salz und Pfeffer würzen.
6. Etwa 25 Minuten im auf 180 Grad (Ober-/Unterhitze) vorgeheizten Backofen garen.
7. Mit Schnittlauch bestreut servieren.

No an Tipp

Du kannst auch Zucchini, Peperoni oder Broccoli verwenden. Nimm einfach das Gemüse, das dir am besten schmeckt!

Für Kinder kochst du als Beilage Vollkornreis oder Vollkornnudeln.

Für die vegetarische bzw. vegane Variante bereitest du das Gericht ohne Fleisch zu und ersetzt die Sahne durch Hafersahne.

Du kannst das Gratin auch mit Parmesan oder Mozzarella überbacken.

20 Minuten + Garzeit

Silvi auf Tour

Alter Schlachthof, Brixen

Der Alte Schlachthof in Brixen wird seinem Slogan „frisch – wertvoll – lokal“ voll und ganz gerecht! Hier steht das gesunde Essen im Vordergrund. Und das in einem einzigartigen rustikalen und heimeligen Ambiente.

Wir besuchen das Lokal seit seiner Eröffnung immer wieder gerne. Wir haben sogar unsere Hochzeit hier gefeiert!

Lissi, die Chefin, ist auch Ernährungscoach. Sie will den Gästen gesunde, regionale Speisen anbieten und ihnen so die Änderung ihrer Essgewohnheiten schmackhaft machen. Das Küchenteam kocht fast ausschließlich mit Produkten aus der Gegend. Außerdem kocht es zuckerreduziert, mit gesunden Kohlenhydraten, vegetarisch und vegan! Dass es auf unnötige Zusatzstoffe verzichtet, versteht sich daher schon von selbst.

Beim letzten Mal hatte ich einen Lauchauflauf mit Hirse und Gemüse und mein Mann Spanferkel mit Linsen und Gemüse. Und weil es so lecker und gesund war, haben wir uns zum Nachtisch das Zweierlei vom Nougat gegönnt! Für unseren Sohn gab es übrigens Apfel-Basilikum- bzw. Himbeereis aus einem traditionellen Eiswagen.

Im Alten Schlachthof kann man aber nicht nur essen, sondern auch übernachten. Die Zimmer befinden sich im oberen Stock, den man über eine Steintreppe erreicht. Auch hier ist die Liebe zum Detail überall zu spüren. Wer beim nächsten Urlaub in Südtirol einmal in einem besonderen Bed & Breakfast übernachten will, der sollte sich diese Adresse unbedingt merken.

Mein Tipp für euren nächsten Besuch in Brixen: Kehrt unbedingt im Alten Schlachthof ein!

www.schlachthof.it

No an Tipp

Natürlich kannst du das Gemüse variieren und zum Beispiel Zucchini, Kohlrabi oder Peperoni verwenden.

Als Beilage kannst du Kindern Kartoffeln, Reis oder Quinoa servieren.

Du kannst die Fleischsuppe auch durch Wasser ersetzen.

Wenn Kinder mitessen, ersetzt du den Rotwein zum Ablöschen einfach durch Fleischsuppe.

Bauernbratl

MENGE: 2 PORTIONEN

20 Minuten + Garzeit

GLUTEN-FREI

Wos brauchi olls?

3 Karotten
½ Knollensellerie
½ Fenchel
400 g Rippchen
2 EL neutrales Öl zum Anbraten
1 Zwiebel, fein geschnitten
1 Knoblauchzehe, fein gehackt
1 EL Tomatenmark
50 ml Rotwein
500 ml heiße Fleischsuppe (siehe Seite 188)
Salz
Pfeffer
Thymian

Wia mochi des?

1. Karotten, Knollensellerie und Fenchel putzen und in kleine Würfel schneiden.
2. Die Rippchen portionieren und in Öl scharf anbraten. Aus der Pfanne nehmen und beiseitestellen.
3. Die Zwiebelwürfel in die Pfanne geben und anschwitzen. Knoblauch und Gemüsewürfel zufügen und kurz mitbraten lassen.
4. Das Tomatenmark zugeben, kurz anrösten und alles mit Rotwein ablöschen.
5. Die Rippchen zum Gemüse geben und mit der heißen Fleischsuppe aufgießen. Etwa 30 Minuten köcheln lassen, bis das Fleisch und das Gemüse weich sind.
6. Mit Salz, Pfeffer und Thymian abschmecken und servieren.

No an Tipp

Für Kinder kannst du Vollkornreis oder Amaranth dazu kochen.

Lachsforellenfilet mit Tomaten-Fenchel-Gemüse

MENGE: 2 PORTIONEN

15 Minuten + Garzeit

GLUTEN-FREI

Wos brauchi olls?

1 Fenchel
80 g Butter
1 Knoblauchzehe, fein gehackt
5 Tomaten, in Würfel geschnitten
Salz
Pfeffer
2 Lachsforellenfilets
2 EL neutrales Öl zum Anbraten
Thymian
Dill zum Garnieren

Wia mochi des?

1. Den Fenchel putzen und in kleine Würfel schneiden.
2. Butter in einer Pfanne erhitzen und den Fenchel darin dünsten.
3. Knoblauch und Tomaten zugeben, kurz mitdünsten lassen und mit Salz und Pfeffer würzen.
4. Die Lachsforellenfilets portionieren und auf beiden Seiten in Öl anbraten. Mit Salz, Pfeffer und Thymian würzen.
5. Alles auf Tellern anrichten und mit Dill garniert servieren.

Lachsfilet mit Cremespinat und Pak Choi

MENGE: 2 PORTIONEN

25 Minuten + Garzeit

GLUTEN-
FREI

Wos brauchi olls?

1 Zwiebel, fein geschnitten
1 Knoblauchzehe, fein gehackt
4 EL neutrales Öl zum Anbraten
200 g Spinat
100 ml Sahne
Salz
Pfeffer
100 g Pak Choi
2 Lachsfilets à 250 g

Wia mochi des?

1. Zwiebel- und Knoblauchwürfel in 2 Esslöffeln Öl anschwitzen.
2. Den Spinat waschen, putzen, dazugeben und kurz mitdünsten.
3. Mit Sahne aufgießen und etwa 5 Minuten köcheln lassen. Salzen, pfeffern und im Mixer fein pürieren.
4. Den Pak Choi waschen und in Streifen schneiden. In 1 Esslöffel Öl andünsten.
5. Das restliche Öl in einer Pfanne erhitzen. Die Lachsfilets mit der Hautseite nach oben darin so lange braten, bis der Fisch an den Rändern leicht gebräunt ist. Vorsichtig wenden und auf der Hautseite fertig braten.
6. Spinatpüree, Pak Choi und Lachsfilets auf Tellern anrichten und servieren.

Den Fisch solltest du nicht zu lange bzw. bei zu starker Hitze braten. Er wird sonst schnell trocken.

Kindern kannst du dazu Süßkartoffeln oder Vollkornreis servieren.

No an Tipp

Wrap

MENGE: 2 PORTIONEN

30 Minuten + Garzeit

GLUTEN-
FREI

Wos brauchi olls?

2 Eier
170 g Topfen
1 EL Leinsamenmehl
100 g Parmesan
1 Bund Schnittlauch, fein geschnitten
150 ml Wasser
Salz
1 Zucchini
½ rote Peperoni
4 Salatblätter
1 Truthahnschnitzel
1 Zwiebel, fein geschnitten
2 EL neutrales Öl zum Anbraten
200 g Champignons, in Würfel geschnitten
4 EL Mayonnaise
2 EL Joghurt
1 Knoblauchzehe, fein gehackt

Wia mochi des?

1. Eier, Topfen, Leinsamenmehl, Parmesan, Schnittlauch, Wasser und Salz zu einem Teig vermengen. Auf ein mit Backpapier ausgelegtes Backblech geben und gleichmäßig etwa 5 mm dick verstreichen.
2. Etwa 40 Minuten im auf 180 Grad (Ober-/Unterhitze) vorgeheizten Backofen backen.
3. Zucchini und Peperoni putzen, Salatblätter waschen und trocken schleudern. Das Gemüse und das Truthahnschnitzel in Streifen schneiden.
4. Die Zwiebelwürfel in Öl farblos anschwitzen, die in Würfel geschnittenen Champignons dazugeben und so lange dünsten, bis die Flüssigkeit verdampft ist.
5. Fleisch, Zucchini und Peperoni dazugeben und mitbraten.
6. Mayonnaise mit Joghurt und Knoblauch verrühren.
7. Den Wrap-Teig mit der Knoblauch-Mayonnaise bestreichen und mit Fleisch und Gemüse füllen. Aufrollen und portionieren.
8. Auf Tellern anrichten und servieren.

No an Tipp

Den Wrap kannst du, wenn du das Fleisch weglässt, ganz vegetarisch zubereiten.

Du kannst zum Füllen auch andere Gemüsesorten verwenden.

15 Minuten + Ruhezeit + Garzeit

VEGE-
TARISCH

Rohnenknedl

Rote-Bete-Knödel

MENGE: 8 KNÖDEL

Wos brauchi olls?

500 g Rohnen, gegart
100 ml Milch
2 Eier
150 g Frischkäse
300 g Upps-Brotbrösel
10 g Flohsamenschalen
Salz
Pfeffer
Kümmel
Kümmelsauce (siehe Tipp)

Wia mochi des?

1. Die Rohnen schälen, klein schneiden und mit Milch im Mixer pürieren.
2. Eier, Frischkäse, Upps-Brotbrösel, Flohsamenschalen, Salz, Pfeffer und Kümmel dazugeben und alles gut vermengen.
3. Die Masse 15 Minuten ruhen lassen.
4. Aus der Masse Knödel formen und im Dampfgarer oder in einem Topf mit Dämpfeinsatz etwa 25 Minuten garen.
5. Die Knödel auf Tellern anrichten und mit Kümmelsauce servieren.

No an Tipp

Statt Rohnen kannst du auch Spinat oder Bärlauch verwenden.

Du kannst die Brotbrösel aus jedem Low-Carb-Brot herstellen, indem du es trocknen lässt und anschließend fein zerkleinerst.

Für Kinder mengst du unter die Knödelmasse noch etwas klein geschnittenes, zwei Tage altes Dinkel- oder Vollkornbrot. Die Knödel wie oben beschrieben garen.

Für die Kümmelsauce schwitzt du Zwiebelwürfel farblos in Öl an, gießt mit Sahne auf und lässt alles einköcheln. Mit Kümmel, Salz und Pfeffer würzen.

No an Tipp

Serviere die Sarner Nocken zusammen mit zerlassener Butter und geriebenem Parmesan.

Statt Haferkleie kannst du auch Dinkel- oder Weizenkleie verwenden.

10 Minuten + Ruhezeit + Garzeit

Sarner Nocken

MENGE: 2 PORTIONEN

Wos brauchi olls?

50 g Leinsamenmehl
10 g Pfeilwurzelmehl
40 g Speck, in Würfel geschnitten
½ Bund Schnittlauch, fein geschnitten
15 g Haferkleie
Salz
50 ml Wasser
2 Eier
2 Scheiben gebratener Speck

Wia mochi des?

1. Das Leinsamenmehl mit Pfeilwurzelmehl, Speck, Schnittlauch, Haferkleie und Salz vermischen.
2. Das Wasser und die Eier dazugeben und gut vermengen. Etwa 5 Minuten ruhen lassen.
3. Aus der Masse Nocken formen.
4. Die Nocken in kochendem Salzwasser etwa 10 Minuten kochen lassen.
5. Mit einer Schöpfkelle herausnehmen und mit dem gebratenen Speck auf Tellern anrichten.

Teigtaschen mit Champignons

MENGE: 2 PORTIONEN

20 Minuten + Ruhezeit + Garzeit

GLUTENFREI
+
VEGETARISCH

Wos brauchi olls?

250 g Ricotta oder Topfen
1 Ei
Salz
55 g Pfeilwurzelmehl
50 g Leinsamenmehl
1 Zwiebel, fein geschnitten
1 Knoblauchzehe, fein gehackt
2 EL neutrales Öl zum Anbraten
200 g Champignons, in Würfel geschnitten
100 ml Sahne
Salz
Pfeffer
Thymian
zerlassene Butter zum Garnieren
Parmesan, gerieben
Schnittlauch, fein geschnitten

Wia mochi des?

1. Ricotta, Ei und Salz verrühren.
2. Pfeilwurzelmehl und Leinsamenmehl vermischen und mit der Ricottamasse zu einem Teig verkneten. Den Teig mindestens 10 Minuten ruhen lassen.
3. Zwiebel- und Knoblauchwürfel in Öl farblos anschwitzen. Die Champignons dazugeben und so lange dünsten, bis die Flüssigkeit verdampft ist.
4. Mit der Sahne aufgießen und dickflüssig einkochen lassen. Salzen, pfeffern und mit Thymian würzen.
5. Auskühlen lassen.
6. Den Teig mit einem Nudelholz aus Kunststoff vorsichtig ausrollen und Kreise (Ø 4–5 cm) ausstechen.
7. Etwas von der Füllung auf die untere Hälfte der Kreise geben und die obere Hälfte darüberklappen. Die Finger in Leinsamenmehl tauchen und die Ränder fest andrücken.
8. Die Teigtaschen 3–4 Minuten in kochendem Salzwasser garen.
9. Auf Tellern anrichten und mit zerlassener Butter, Parmesan und Schnittlauch garniert servieren.

No an Tipp

Den Teig kannst du auch für Ravioli oder Gnocchi verwenden.

Du kannst die Teigtaschen mit Spinat, Kräutertopfen oder Gemüse füllen.

Serviere die Teigtaschen mit den restlichen Champignons.

Falls du kein Nudelholz aus Kunststoff hast, wickelst du einfach Klarsichtfolie um deinen Teigroller. An einem normalen Nudelholz bleibt der Teig kleben.

Damit der Teig beim Ausrollen nicht an der Arbeitsfläche kleben bleibt, legst du einfach Klarsichtfolie unter den Teig.

No an Tipp

Serviere die Spatzlen mit Gulasch.

Statt Käse kannst du auch Spinat oder Rohnen verwenden.

Der Teig muss unbedingt ruhen, sonst fallen die Spatzlen beim Kochen auseinander.

15 Minuten | Ruhezeit | Garzeit

Kasspatzlen

Käsespätzle

GLUTENFREI
+
VEGETARISCH

MENGE: 2 PORTIONEN

Wos brauchi olls?

50 g Hartkäse (z. B. Parmesan), gerieben
30 g Leinsamenmehl
15 g Pfeilwurzelmehl
40 ml Wasser
2 Eier
Salz
Schnittlauch, fein geschnitten

Wia mochi des?

1. Alle Zutaten gut zu einem dickflüssigen Teig vermengen. Den Teig abgedeckt wenigstens 10 Minuten ruhen lassen.
2. Einen Topf mit Salzwasser zum Kochen bringen. Den Teig mit einem Spatzlhobel ins kochende Wasser hobeln. Umrühren und die Spatzlen einmal aufkochen lassen.
3. Die Spatzlen abseihen und unter kaltem Wasser abschrecken.
4. Gut abtropfen lassen, auf Teller geben und mit Schnittlauch garnieren.

Schupfnudeln mit Steinpilzsauce

MENGE: 2 PORTIONEN

25 Minuten + Ruhezeit + Garzeit

GLUTENFREI + VEGETARISCH

Wos brauchi olls?

15 g Pfeilwurzelmehl
50 g Leinsamenmehl
Salz
½ Bund Schnittlauch, fein geschnitten
125 g Ricotta oder Topfen
1 Ei
2 EL neutrales Öl zum Anbraten
50 g getrocknete Steinpilze, in Wasser eingeweicht
1 Zwiebel, fein geschnitten
1 Knoblauchzehe, fein gehackt
100 ml Sahne
Pfeffer
Rosmarin

Wia mochi des?

1. Pfeilwurzelmehl, Leinsamenmehl, Salz und Schnittlauch vermischen.
2. Ricotta und Ei dazugeben und alles zu einem Teig verkneten.
3. Den Teig 10 Minuten ruhen lassen.
4. Aus dem Teig Schupfnudeln formen und 5 Minuten in kochendem Salzwasser garen.
5. Mit einer Schöpfkelle herausnehmen, gut abtropfen lassen und in Öl auf allen Seiten anbraten.
6. Die eingeweichten Steinpilze abgießen und das Einweichwasser dabei auffangen. Die Pilze gut ausdrücken und klein schneiden.
7. Das Einweichwasser aufkochen und auf die Hälfte reduzieren.
8. Zwiebel- und Knoblauchwürfel in Öl farblos anschwitzen, die Steinpilze dazugeben und mit dem Einweichwasser aufgießen.
9. Sahne dazugeben und etwas köcheln lassen. Mit Salz, Pfeffer und Rosmarin würzen.
10. Die Schupfnudeln zusammen mit der Steinpilzsauce auf Tellern anrichten und servieren.

No an Tipp

Den Teig für die Schupfnudeln kannst du auch für Gnocchi verwenden.

Du kannst die Sahne weglassen oder durch eine pflanzliche Alternative ersetzen.

Serviere die Schupfnudeln mit Fleischragout (siehe Seite 189) oder Walnuss-Pesto.

Melanzanegnocchi

Auberginengnocchi

MENGE: 2 PORTIONEN

20 Minuten + Garzeit + Ruhezeit

GLUTENFREI
+
VEGETARISCH

Wos brauchi olls?

200 g Melanzane
1 Knoblauchzehe, fein gehackt
Olivenöl
Thymian, fein geschnitten
Rosmarin, fein geschnitten
Salz
1 Eigelb
40 g Leinsamenmehl
15g Pfeilwurzelmehl
Tomatensauce (siehe Seite 190)
Parmesan, gerieben

Wia mochi des?

1. Die Melanzane putzen und in Scheiben schneiden. Auf einem mit Backpapier ausgelegten Backblech verteilen und mit Knoblauch, Olivenöl, Thymian, Rosmarin und Salz würzen.
2. Im auf 200 Grad (Ober-/Unterhitze) vorgeheizten Backofen backen. Auskühlen lassen.
3. Die Melanzane schälen und das Fruchtfleisch im Mixer oder mit einer Gabel grob zerkleinern.
4. Eigelb, Leinsamenmehl und Pfeilwurzelmehl dazugeben und gut vermengen. Etwa 10 Minuten ruhen lassen.
5. Aus der Masse Gnocchi oder kleine Kugeln formen und in Salzwasser 4–5 Minuten kochen.
6. Mit einer Schöpfkelle herausnehmen und auf Tellern anrichten. Mit Tomatensauce und Parmesan servieren.

No an Tipp

Du kannst das Leinsamenmehl auch durch 50 g Hanfmehl ersetzen.

15 Minuten + Garzeit + Kühlzeit + Ruhezeit

GLUTENFREI
+
VEGETARISCH

Kürbisgnocchi

MENGE: 2 PORTIONEN

Wos brauchi olls?

150 g Kürbis (Hokkaido)
100 g Süßlupinenmehl
20 g Pfeilwurzelmehl
Salz
1 Ei
Kresse zum Garnieren
Parmesan, gerieben

Wia mochi des?

1. Den Kürbis in grobe Stücke schneiden und etwa 30 Minuten im Dampfgarer oder in einem Topf mit Dampfeinsatz garen. Auskühlen lassen.
2. Kürbis im Mixer fein pürieren und mit Süßlupinenmehl, Pfeilwurzelmehl, Salz und Ei vermengen.
3. Den Teig 10 Minuten ruhen lassen. Anschließend mit der Hand zu dünnen Rollen formen. Mit einem Messer oder einer Teigkarte 2 cm dicke Streifen abschneiden. Daraus Gnocchi formen.
4. Gnocchi in kochendem Salzwasser 3–4 Minuten garen.
5. Herausnehmen und mit Kresse garniert auf Tellern anrichten. Mit Parmesan servieren.

No an Tipp

Der Hokkaido-Kürbis muss nicht geschält werden. Er kann mit Schale verwendet werden.

Zucchinilasagne

20 Minuten + Garzeit

GLUTEN-FREI

MENGE: 2 PORTIONEN

Wos brauchi olls?

4 Zucchini
2 EL neutrales Öl zum Anbraten
50 g Butter
30 g Pfeilwurzelmehl
200 ml Milch
Salz
weißer Pfeffer
Muskat
500 g Fleischragout (siehe Seite 189)
Parmesan, gerieben

Wia mochi des?

1. Die Zucchini in dünne Scheiben schneiden und auf beiden Seiten in Öl gut anbraten.
2. Die Butter in einem Topf schmelzen lassen. Das Pfeilwurzelmehl dazugeben und ohne zu bräunen anschwitzen.
3. Die Milch unter ständigem Rühren zufügen und die Sauce aufkochen lassen. Mit Salz, weißem Pfeffer und Muskat abschmecken.
4. Fleischragout und Béchamelsauce vermischen.
5. Eine kleine Auflaufform einfetten. Immer abwechselnd eine Schicht Zucchinischeiben und eine Schicht Fleischragout-Saucen-Mischung hineingeben. Mit Zucchinischeiben abschließen.
6. Den Parmesan darüberstreuen und die Lasagne etwa 30 Minuten im auf 180 Grad (Ober-/Unterhitze) vorgeheizten Backofen garen.

Die Béchamelsauce kannst du durch Sahne oder Mozzarella ersetzen.

Für die vegetarische Variante verwendest du Tomatensauce (siehe Seite 190).

Statt Zucchini nimmst du Melanzane oder Knollensellerie.

Für Kinder kannst du einfach Vollkornlasagneblätter untermischen.

Noan Tipp

VEGAN

10 Minuten + Ruhezeit + Garzeit

Upps-Brot

„Upps – eigentlich sollte man abends ja kein Brot essen, doch hier kann man wegen der gesunden Kohlenhydrate eine Ausnahme machen.“

MENGE: 6 BRÖTCHEN

Wos brauchi olls?

50 g Dinkelvollkornmehl
50 g Haferflocken
25 g Haferkleie
15 g Flohsamenschalen
100 g Sonnenblumenkerne
100 g Leinsamen, geschrotet
100 g Sesam
100 g Nüsse, gemahlen
350 ml Wasser
Salz
1–2 EL Brotklee

Wia mochi des?

1. Alle trockenen Zutaten gut vermischen.
2. Wasser, Salz und Brotklee dazugeben und gut vermengen. Den Teig etwa 10 Minuten abgedeckt ruhen lassen.
3. Aus dem Teig Brötchen formen und auf ein mit Backpapier ausgelegtes Backblech legen. Die Oberfläche mit einem scharfen Messer kreuzweise einschneiden.
4. Die Brötchen im auf 180 Grad (Ober-/Unterhitze) vorgeheizten Backofen 25–30 Minuten backen.

No an Tipp

Du kannst die Brötchen auch mit 250 ml Wasser und 100 g Topfen zubereiten.

Statt Haferkleie kannst du Dinkel- oder Weizenkleie verwenden.

Wenn du das Brot feiner haben möchtest, kannst du die Körner und Samen im Mixer zerkleinern.

Für ein Kastenbrot füllst du den Teig in eine eingefettete Kastenform und bäckst ihn 45 Minuten im Backofen.

Du kannst – je nach Geschmack – zum Würzen auch eine größere Menge Brotklee verwenden.

Silvi auf Tour

Natur-Backstube Profanter, Brixen

Meine Lieblingsbäckerei ist die Brixner Natur-Backstube Profanter. Der Name lässt eh schon erahnen, warum ich dort gerne einkaufe. Profanter steht für Gesundheit, Regionalität und Nachhaltigkeit. Diese drei Aspekte sind mir, wenn es um mein Essen geht, wahnsinnig wichtig.

Ich habe vor einigen Jahren im Büro der Bäckerei gearbeitet und weiß, dass hinter dem Unternehmen tolle Menschen und hochwertige Produkte stecken. Seit Kurzem arbeite ich wieder mit der Bäckerei zusammen. Gemeinsam haben wir ein hochwertiges Low-Carb-Brot entwickelt. Vielleicht habt ihr es ja schon gesehen bzw. ausprobiert.

Benjamin Profanter ist aber nicht nur Bäckermeister und Chef der Bäckerei, sondern auch Brot-Sommelier. Für ihn steht der Kunde im Mittelpunkt und das oberste Ziel seiner Bäckerei ist es, gesunde, bekömmliche Backwaren herzustellen, bei denen auf künstliche Backhilfsmittel und industrielle Teigmischungen verzichtet wird. Das Vollkornmehl, das für die über 80 verschiedenen Backwaren verwendet wird, wird in der Bäckerei selbst gemahlen! Ein großer Teil des Getreides stammt von Südtiroler Bauern. Profanter war die erste zertifizierte Bio-Bäckerei in Südtirol.

Neben „normalem" Brot und Gebäck stellt die Natur-Backstube Profanter auch solches für besondere Ernährungsbedürfnisse her (weizenfrei, hefefrei, laktosefrei, vegan, aus Urgetreide, zuckerfrei und low carb).

Ich finde es ganz toll, dass es in den Filialen der Bäckerei darüber hinaus auch andere biologisch bzw. regional produzierte Lebensmittel gibt.

Probiert die Backwaren einfach einmal aus! Ich denke, ihr werdet genauso begeistert sein wie ich.

Mehr Infos findet ihr im Internet unter **www.profanter.it**

No an Tipp

Du kannst statt Haferkleie auch Dinkel- oder Weizenkleie verwenden.

10 Minuten + Ruhezeit + Garzeit

Parmesanbrötchen

VEGE-
TARISCH

MENGE: 5 BRÖTCHEN

Wos brauchi olls?

50 g Parmesan, gerieben
15 g Flohsamenschalen
70 g Haferkleie
10 g Chia-Samen
10 g Leinsamen
50 g Sesam
½ Pkg. Backpulver
100 g Ricotta oder Topfen

Wia mochi des?

1. Alle trockenen Zutaten in einer Schüssel vermischen.
2. Den Ricotta dazugeben und alles zu einem Teig verrühren.
3. Aus dem Teig Brötchen formen, auf ein mit Backpapier ausgelegtes Backblech setzen und die Oberfläche mit einem scharfen Messer kreuzweise einschneiden.
4. Im auf 200 Grad (Ober-/Unterhitze) vorgeheizten Backofen 30–35 Minuten backen.

10 Minuten + Ruhezeit + Garzeit

Joghurtbrötchen

GLUTENFREI + VEGETARISCH

MENGE: 4 BRÖTCHEN

Wos brauchi olls?

100 g Leinsamenmehl
Salz
125 g Naturjoghurt
20 g Butter
50 ml Milch
10 g Chia-Samen
Samen oder Körner zum Bestreuen

Wia mochi des?

1. Leinsamenmehl, Salz, Naturjoghurt, Butter, Milch und Chia-Samen mit der Hand zu einem glatten Teig verkneten.
2. Aus dem Teig Brötchen formen. Auf ein mit Backpapier ausgelegtes Backblech legen und die Oberfläche mit Wasser bestreichen. Mit Samen oder Körnern bestreuen und mit einem scharfen Messer kreuzweise einschneiden.
3. Die Brötchen im auf 170 Grad (Umluft) vorgeheizten Backofen etwa 20 Minuten backen.

Du solltest die Brötchen wirklich ganz auskühlen lassen, ehe du sie isst. Sonst sind sie innen zu weich.

Statt Chia-Samen kannst du natürlich auch andere Samen oder Körner verwenden.

No an Tipp

Wenn du den Zuckerersatzstoff und die Schokolade weglässt, hast du ein Brötchen, dass sich sehr gut zu Aufschnitt oder mit herzhaftem Aufstrich essen lässt.

Du kannst auch Zartbitterschokotröpfchen zum Backen verwenden.

10 Minuten + Garzeit

Schokobrötchen

VEGE-
TARISCH

MENGE: 6 BRÖTCHEN

Wos brauchi olls?

250 g Topfen
25 g Olivenöl
2 Eier
50 g Zuckerersatzstoff
40 g Kokosmehl
80 g Haferkleie
1 TL Pfeilwurzelmehl
50 g Schokolade (mindestens 85 % Kakaoanteil)

Wia mochi des?

1. Topfen, Olivenöl, Eier und Zuckerersatzstoff verrühren.
2. Kokosmehl, Haferkleie und Pfeilwurzelmehl unterrühren.
3. Die Schokolade klein hacken und unter den Teig mischen.
4. Aus dem Teig mit angefeuchteten Händen Brötchen formen und auf ein mit Backpapier ausgelegtes Backblech legen.
5. Die Brötchen im auf 180 Grad (Ober-/Unterhitze) vorgeheizten Backofen 30–35 Minuten backen.

5 Minuten

GLUTENFREI
+
VEGAN

Dor klassische Griane

MENGE: 1 GLAS

Wos brauchi olls?

1 Handvoll Babyspinat
1 Apfel
1 Banane
150 ml Wasser
1 TL Weizengraspulver

Wia mochi des?

1. Alle Zutaten in einen Mixer geben und fein pürieren.

5 Minuten

Gitschntraum

GLUTENFREI
+
VEGAN

MENGE: 1 GLAS

Wos brauchi olls?

1 Pfirsich
1 Handvoll Basilikum
170 ml Wasser
1 TL Kurkuma
schwarzer Pfeffer

Wia mochi des?

1. Alle Zutaten in einen Mixer geben und fein pürieren.

5 Minuten

GLUTENFREI + VEGAN

Geale Nandl

MENGE: 1 GLAS

Wos brauchi olls?

5 Salatblätter
150 g Ananas, geschält
100 ml Wasser
1 TL Gerstengraspulver

Wia mochi des?

1. Alle Zutaten in einen Mixer geben und fein pürieren.

Du kannst das Gerstengraspulver auch einfach weglassen.

No an Tipp

Silvi auf Tour

Naturalia, Bozen

Mit meinen beiden Männern besuchte ich den Bozner Biomarkt Naturalia. Ich war zwar schon öfter dort und kannte die riesige Auswahl an Bio-Produkten, aber erst jetzt wurde mir so richtig bewusst, was das Geschäft wirklich alles zu bieten hat: Low-Carb-Produkte, Tees, Gewürze, Snacks, Getränke, Obst, Gemüse und, und, und ... Viele Produkte sind sogar verpackungsfrei erhältlich bzw. von Naturland, Bioland und Demeter zertifiziert.

So shoppe ich am liebsten – lauter gesunde Bioprodukte, die man sonst mühsam suchen muss! Mein Einkaufswagen war dann auch schnell voll: Brennnesselpulver, Leinsamenmehl, Mandelmehl, Gemüse, Birkenwasser, Sprossensamen und Dinkelkekse für unseren Kleinen.

Besonders aufgefallen sind mir die megafreundlichen und superkompetenten Mitarbeiterinnen. Hier merkt man, dass die Firmenphilosophie nicht nur auf dem Papier steht, sondern gelebt wird.

Also ich werde, wenn ich wieder in Bozen bin, hier auf jeden Fall einkaufen! Ihr solltet auch einmal vorbeischauen, denn ich bin sicher, die Naturalia wird euch gefallen.

Mehr Informationen über den Biomarkt Naturalia – es gibt auch einen in Meran – findet ihr im Internet: **www.naturalia.it.**

5 Minuten

GLUTENFREI + VEGAN

Groshupfor

MENGE: 1 GLAS

Wos brauchi olls?

1 Handvoll Wildkräuter (z. B. Brennnesseln, Löwenzahnblätter, Giersch)
1 Kiwi
1 Apfel
150 ml Wasser

Wia mochi des?

1. Alle Zutaten in einen Mixer geben und fein pürieren.

5 Minuten

Ruabmrocker

GLUTENFREI
+
VEGAN

MENGE: 1 GLAS

Wos brauchi olls?

1 Karotte

1 Rohne

1 Scheibe Ingwer

120 ml Wasser

Wia mochi des?

1. Alle Zutaten in einen Mixer geben und fein pürieren.

15 Minuten + Kühlzeit

GLUTENFREI
+
VEGETARISCH

Tiramisu

MENGE: 3 KLEINE GLÄSER

Wos brauchi olls?

1 Ei
1 Eigelb
40 g Zuckerersatzstoff
50 ml Sahne
125 g Mascarpone
3 Nussmuffins (siehe Seite 164)
1 Espresso
Kakaopulver zum Garnieren
Kaffeebohnen zum Garnieren

Wia mochi des?

1. Ei, Eigelb und Zuckerersatzstoff über dem heißen Wasserbad schaumig aufschlagen. Anschließend auf Eiswasser kalt schlagen.
2. Die Sahne steif schlagen.
3. Sahne und Mascarpone abwechselnd unter die Ei-Masse ziehen.
4. Die Muffins grob zerkleinern und mit Espresso beträufeln.
5. Die zerkleinerten Muffins abwechselnd mit der Creme in Gläser schichten. Mit einer Schicht Creme abschließen.
6. Tiramisu im Kühlschrank gut durchkühlen lassen.
7. Mit Kakaopulver bestreuen und mit Kaffeebohnen garniert servieren.

No an Tipp

Du kannst auch Früchte (z.B. Erdbeeren oder Himbeeren) unter die Creme mischen.

15 Minuten + Garzeit + Kühlzeit

GLUTENFREI + VEGETARISCH

Schokomousse

MENGE: 2 PORTIONEN

Wos brauchi olls?

40 g Butter
30 g Kakaopulver
50 g Zuckerersatzstoff
1 Eigelb
40 ml Milch
80 g Sahne
Kokosraspeln zum Garnieren

Wia mochi des?

1. Die Butter mit Kakaopulver, 40 g Zuckerersatzstoff, Eigelb und Milch in einem kleinen Topf verrühren und bei mittlerer Hitze schmelzen lassen.
2. Die Kakaomasse auskühlen lassen und den restlichen Zuckerersatzstoff untermischen.
3. Die Sahne steif schlagen und unterheben.
4. Schokomousse in Portionsgläser füllen und mindestens 1 Stunde in den Kühlschrank stellen.
5. Mit Kokosraspeln garniert servieren.

No an Tipp

Du kannst die Knödel auch mit Marillen füllen.

10 Minuten + Ruhezeit + Garzeit

GLUTENFREI
+
VEGETARISCH

Erdbeerknedl

Erdbeerknödel

MENGE: 5 KNÖDEL

Wos brauchi olls?

125 g Ricotta oder Topfen
50 g Zuckerersatzstoff
25 g Pfeilwurzelmehl
1 Ei
10 g Flohsamenschalen
60 g Mandeln, gerieben
5 Erdbeeren
50 g Haselnüsse, gerieben
1 EL Zimt

Wia mochi des?

1. Ricotta, 30 g Zuckerersatzstoff, Pfeilwurzelmehl, Ei, Flohsamenschalen und Mandeln verrühren. Den Teig etwa 10 Minuten abgedeckt ruhen lassen.
2. Aus der Masse mit feuchten Händen Knödel formen. Eine Erdbeere hineindrücken und den Teig fest verschließen.
3. Die Knödel etwa 7 Minuten bei mittlerer Hitze in kochendem Salzwasser garen. Mit einer Schöpfkelle herausnehmen und abtropfen lassen.
4. Haselnüsse, Zimt und 20 g Zuckerersatzstoff in einer Schale vermischen.
5. Die Knödel in der Haselnuss-Zimt-Mischung wälzen und servieren.

10 Minuten + Garzeit

GLUTENFREI
+
VEGETARISCH

Crumble

MENGE: 2 PORTIONEN

Wos brauchi olls?

100 g Mandeln, gerieben
10 g Flohsamenschalen
1 Ei
100 g weiche Butter
50 g Zuckerersatzstoff
1 Prise Salz
1 Handvoll Beeren (Himbeeren, Blaubeeren)
20 g Kokosmehl

Wia mochi des?

1. Mandeln, Flohsamenschalen, Ei, Butter, Zuckerersatzstoff und Salz zu einem Teig verkneten.
2. Die Hälfte des Teigs auf zwei ofenfeste Gläser verteilen und die Beeren daraufgeben.
3. Den restlichen Teig mit dem Kokosmehl verkneten, zu Streuseln reiben und auf den Beeren verteilen.
4. Im auf 180 Grad (Ober-/Unterhitze) vorgeheizten Backofen etwa 30 Minuten backen.

No an Tipp

Du kannst den Crumble auch mit Schokoladenstückchen oder anderem Obst machen.

5 Minuten + Kühlzeit

Früchtesorbet

GLUTENFREI
+
VEGAN

MENGE: 2 PORTIONEN

Wos brauchi olls?

350 g TK-Brombeeren
120 ml Hafermilch
30 g Zuckerersatzstoff

Wia mochi des?

1. Alle Zutaten in den Mixer geben und etwa 30 Sekunden mixen.

No an Tipp

Statt Hafermilch kannst du auch eine andere pflanzliche Milch oder normale Milch verwenden.

Du kannst natürlich auch andere Früchte nehmen, wichtig ist nur, dass sie tiefgefroren sind.

No an Tipp

Du kannst die Marillenmarmelade nach dem Rezept auf Seite 186 herstellen.

GLUTENFREI
+
VEGETARISCH

40 Minuten + Garzeit

Sachertorte

MENGE: 1 TORTE (Ø 18 CM)

Wos brauchi für den Kuchen?
90 g Schokolade
(mindestens 85 % Kakaoanteil)
200 g weiche Butter
140 g Zuckerersatzstoff
5 Eigelb
5 Eiweiß
1 Prise Salz
1 Pkg. Backpulver
10 g Kakaopulver
150 g Mandelmehl
50 g Kokosmehl
20 ml Milch

Wos brauchi für die Glasur?
100 g Marillenmarmelade
200 g Schokolade
(mindestens 85 % Kakaoanteil)
30 g Kokosöl
Haselnüsse zum Garnieren

Wia mochi den Kuchen?

1. Die Schokolade klein hacken und über dem Wasserbad schmelzen.
2. Butter, Zuckerersatzstoff und Eigelb schaumig schlagen. Die geschmolzene Schokolade unterrühren.
3. Eiweiß mit Salz steif schlagen.
4. Backpulver, Kakaopulver, Mandelmehl und Kokosmehl vermischen und zusammen mit der Milch unter die Schokomasse rühren.
5. Eischnee vorsichtig unterheben und alles in eine eingefettete Springform füllen.
6. Im auf 180 Grad (Ober-/Unterhitze) vorgeheizten Backofen etwa 45 Minuten backen.
7. Auf einem Kuchengitter auskühlen lassen.

Wia mochi die Glasur?

8. Den Tortenboden waagerecht durchschneiden.
9. Die untere Hälfte mit Marmelade bestreichen und die obere Hälfte daraufsetzen.
10. Schokolade mit Kokosöl über dem Wasserbad schmelzen lassen.
11. Die Torte damit glasieren und mit Haselnüssen garnieren.

10 Minuten + Garzeit

GLUTENFREI
+
VEGETARISCH

Nussmuffins

MENGE: 6 MUFFINS

Wos brauchi olls?

50 g Mandeln, gerieben
50 g Haselnüsse, gerieben
7 g Backpulver
1 Vanilleschote, Mark
2 Eier
20 g weiche Butter
30 g Topfen
40 g Zuckerersatzstoff

Wia mochi des?

1. Mandeln, Haselnüsse, Backpulver, Vanillemark, Eier, Butter, Topfen und Zuckerersatzstoff gut verrühren.
2. Ein Muffinblech mit Papierförmchen auslegen und den Teig in die Förmchen füllen.
3. Muffins im auf 170 Grad (Umluft) vorgeheizten Backofen etwa 25 Minuten backen.

No an Tipp

Du solltest die Förmchen nur etwa zu zwei Dritteln mit Teig füllen, da die Muffins beim Backen aufgehen.

20 Minuten + Garzeit + Kühlzeit

GLUTENFREI
+
VEGETARISCH

Milchschnitten

MENGE: 5 STÜCK

Wos brauchi olls?

20 g Kokosmehl
50 g Mandelmehl
25 g Kakaopulver
3 Eier
70 g Zuckerersatzstoff
100 ml Sahne
½ Vanilleschote, Mark

Wia mochi des?

1. Kokosmehl, Mandelmehl und Kakaopulver in einer Schüssel vermischen.
2. Die Eier mit 50 g Zuckerersatzstoff schaumig aufschlagen und mit dem Mehlgemisch vermengen.
3. Den Teig etwa 5 mm dick auf ein mit Backpapier ausgelegtes Backblech streichen.
4. Im auf 180 Grad (Ober-/Unterhitze) vorgeheizten Backofen 15–20 Minuten backen.
5. Vom Blech nehmen, auskühlen lassen und in gleich große Rechtecke schneiden.
6. Die Sahne mit Vanillemark und dem restlichen Zuckerersatzstoff steif schlagen.
7. Die Hälfte der Kuchenrechtecke mit Sahne bestreichen und die übrigen Rechtecke daraufsetzen.

20 Minuten + Garzeit

Linzerschnitten

MENGE: 1 BLECH

Wos brauchi olls?

300 g kalte Butter
200 g Zuckerersatzstoff
½ Pkg. Backpulver
2 Eier
1 Prise Salz
1 TL Zitronenschale, abgerieben
400 g Haselnüsse, gerieben
200 g Mandelmehl
125 g Johannisbeeren
1 TL Zimt

Wia mochi des?

1. Die Butter in Würfel schneiden und mit Zuckerersatzstoff, Backpulver, Eiern, Salz und Zitronenschale vermengen.
2. Haselnüsse und Mandelmehl dazugeben und alles zu einem Teig verkneten.
3. Ein Viertel des Teigs in einen Spritzbeutel füllen. Den Rest auf einem mit Backpapier ausgelegten Backblech verstreichen.
4. Johannisbeeren mit Zimt im Mixer pürieren und gleichmäßig auf dem Teig verteilen.
5. Mit dem Spritzbeutel den Teig gitterförmig aufspritzen.
6. Im auf 170 Grad (Ober-/Unterhitze) vorgeheizten Backofen etwa 40 Minuten backen.

No an Tipp

Statt Johannisbeeren kannst du auch Erdbeeren, Himbeeren oder Zwetschgen verwenden.

Ingwer-Zitronenschnitten

MENGE: 10 SCHNITTEN

20 Minuten + Garzeit + Kühlzeit

GLUTENFREI
+
VEGETARISCH

Wos brauchi für den Kuchen?

1 Bio-Zitrone
2 Scheiben Ingwer
70 ml Naturjoghurt
3 Eier
70 g Zuckerersatzstoff
1 EL Chia-Samen
100 g Walnüsse, gerieben
100 g Mandeln, gerieben
2 TL Backpulver

Wos brauchi für die Glasur?

125 g Zuckerersatzstoff
1 Bio-Zitrone, Saft

Wia mochi den Kuchen?

1. Die Zitrone unter heißem Wasser abbürsten, abtrocknen und mit Schale grob zerkleinern.
2. Den Ingwer schälen, zerkleinern und zusammen mit der Zitrone und dem Naturjoghurt im Mixer fein pürieren.
3. In einer Schüssel mit Eiern, Zuckerersatzstoff, Chia-Samen, Walnüssen, Mandeln und Backpulver vermengen.
4. Die Masse auf ein mit Backpapier ausgelegtes Backblech streichen und im auf 180 Grad (Ober-/Unterhitze) vorgeheizten Backofen etwa 20 Minuten backen. Auskühlen lassen.

Wia mochi die Glasur?

5. Den Zuckerersatzstoff in der Küchenmaschine zu Staubzucker zerkleinern und mit Zitronensaft verrühren.
6. Den Kuchen mit der Glasur überziehen.

No an Tipp

Die Masse reicht für ein kleines Kuchenblech. Bei einem großen Blech solltest du einen flexiblen Backrahmen verwenden.

Du kannst die Zitrone bzw. den Zitronensaft auch durch eine Orange bzw. Orangensaft ersetzen.

Vor dem Servieren solltest du die Cookies gut auskühlen lassen.

Du kannst statt Schokolade auch Nüsse oder Früchte unter den Teig kneten.

No an Tipp

10 Minuten + Garzeit

GLUTENFREI | VEGETARISCH

Schokocookies

MENGE: 3–4 GROSSE COOKIES

Wos brauchi olls?

70 g kalte Butter
100 g Mandelmehl
3 Eigelb
50 g Zuckerersatzstoff
1 Msp. Vanillemark
70 g Schokolade (mindestens 85 % Kakaoanteil)

Wia mochi des?

1. Die Butter in Würfel schneiden und mit dem Mandelmehl verkneten.
2. Eigelb, Zuckerersatzstoff und Vanillemark dazugeben und unter den Teig kneten.
3. Die Schokolade grob hacken und ebenfalls unterkneten.
4. Aus dem Teig Cookies formen, auf ein mit Backpapier ausgelegtes Backblech setzen und etwa 25 Minuten im auf 150 Grad (Ober-/Unterhitze) vorgeheizten Backofen backen.

15 Minuten + Garzeit

Haselnussmakronen

GLUTENFREI
+
VEGETARISCH

MENGE: 10 KLEINE MAKRONEN

Wos brauchi olls?

1 Eiweiß
1 Prise Salz
50 g Zuckerersatzstoff
90 g Haselnüsse, gerieben
½ Vanilleschote, Mark
1 Msp. Zimt
20 ganze Haselnüsse

Wia mochi des?

1. Eiweiß mit Salz steif schlagen.
2. Zuckerersatzstoff, geriebene Haselnüsse, Vanillemark und Zimt unterheben.
3. Die Masse mithilfe eines Löffels als Häufchen auf ein mit Backpapier ausgelegtes Backblech setzen.
4. In die Mitte eines jeden Häufchens eine Haselnuss drücken.
5. Die Makronen etwa 30 Minuten im auf 150 Grad (Ober-/Unterhitze) vorgeheizten Backofen backen.

15 Minuten + Garzeit

GLUTENFREI
+
VEGETARISCH

Vanillekipferl

MENGE: 20 STÜCK

Wos brauchi olls?

70 g Mandeln, gerieben
75 g Haselnüsse, gerieben
110 g Mandelmehl
20 g Pfeilwurzelmehl
80 g Zuckerersatzstoff
1 Msp. Vanillemark
150 g kalte Butter
Zuckerersatzstoff, fein gemahlen, zum Wälzen

Wia mochi des?

1. Die trockenen Zutaten in einer Schüssel vermengen.
2. Die Butter in Würfel schneiden. Dazugeben und alles zügig mit den Händen zu einem glatten Teig verkneten.
3. Aus dem Teig Vanillekipferln formen und auf ein mit Backpapier ausgelegtes Backblech legen.
4. Im auf 160 Grad (Ober-/Unterhitze) vorgeheizten Backofen 20–25 Minuten backen.
5. Die Vanillekipferln noch warm im fein gemahlenen Zuckerersatzstoff wälzen.

15 Minuten + Kühlzeit

Meine Kokoskugeln

GLUTENFREI
+
VEGAN

MENGE: 20 STÜCK

Wos brauchi olls?

100 g Kokosraspeln
100 ml Kokosmilch
70 g Zuckerersatzstoff
65 g Mandeln, gerieben
20 ganze Mandeln
Kokosraspeln zum Wälzen

Wia mochi des?

1. Kokosraspeln, Kokosmilch, Zuckerersatzstoff und geriebene Mandeln vermischen.
2. Die Masse 30 Minuten im Kühlschrank ruhen lassen.
3. Aus der Masse kleine Kugeln formen.
4. In jede Kugel 1 Mandel drücken, gut verschließen und in den Kokosflocken wälzen.
5. Im Kühlschrank etwa 1 Stunde fest werden lassen.

10 Minuten + Garzeit + Kühlzeit

Müsli

GLUTENFREI
+
VEGAN

MENGE: 1 KLEINES GLAS

Wos brauchi olls?

100 g Walnüsse, gerieben
30 g Mandeln, gerieben
30 g Sonnenblumenkerne
20 g Leinsamen
100 g Haselnüsse, gehackt
50 g Mandelmus (aus dem Bioladen)
50 g Birkenzucker
1 Prise Salz

Wia mochi des?

1. Alle Zutaten gut vermengen und auf ein mit Backpapier ausgelegtes Backblech geben.
2. Im auf 120 Grad (Ober-/Unterhitze) vorgeheizten Backofen etwa 30 Minuten backen.
3. Auskühlen lassen und in ein Glas füllen.

No an Tipp

Du kannst das Müsli mit Joghurt und Früchten servieren.

Unter dieses Grundrezept kannst du noch Trockenfrüchte oder Schokolade mischen.

Zum Frühstück kannst du auch Haferflocken, gepuffte Quinoa oder Ähnliches dazugeben.

10 Minuten + Garzeit + Kühlzeit + Ruhezeit

GLUTENFREI
+
VEGAN

Holersirup

Holundersirup

MENGE: 2 KLEINE FLASCHEN

Wos brauchi olls?

4 Bio-Zitronen
1 l Wasser
500 g Zuckerersatzstoff
15 Holunderblütendolden

Wia mochi des?

1. Die Zitronen heiß abwaschen und abtrocknen. 2 Zitronen auspressen und die Schale dünn abschneiden. Die restlichen Zitronen in Scheiben schneiden.
2. Den Zitronensaft mit Wasser und Zuckerersatzstoff aufkochen.
3. Zitronenscheiben, -schalen und Holunderblüten in eine Schüssel schichten und mit dem Zitronen-Wasser-Gemisch aufgießen.
4. Abkühlen lassen und zudecken. 3 Tage im Kühlschrank durchziehen lassen. Ein- bis zweimal täglich umrühren.
5. Den Sirup durch ein Sieb seihen und in Flaschen füllen.

No an Tipp

Wenn du den Sirup länger lagern möchtest, solltest du ihn vor dem Abfüllen noch einmal kurz aufkochen.

Holer
2018

No an Tipp

Achte darauf, dass du die Nüsse nicht zu lange röstest. Sie werden sonst bitter.

Statt Haselnussmus kannst du auch Mandelmus verwenden.

Du kannst das Erdnussöl gegen ein anderes neutrales Öl austauschen.

Im Kühlschrank hält sich der Aufstrich ungefähr 1 Woche. Er lässt sich aber auch gut einfrieren!

Haselnussaufstrich

MENGE: 1 KLEINES GLAS

Wos brauchi olls?

100 g ganze Haselnüsse
50 g Zuckerersatzstoff
15 g Kakaopulver
80 ml Haselnussmus (aus dem Bioladen)
70 ml Erdnussöl

Wia mochi des?

1. Die Haselnüsse in einer Pfanne trocken anrösten.
2. Diese mit Zuckerersatzstoff im Mixer fein zerkleinern und mit Kakaopulver vermischen.
3. Haselnussmus und Erdnussöl langsam dazugeben und weitermixen, bis eine cremige Masse entsteht.

15 Minuten

GLUTENFREI
+
VEGAN

10 Minuten + Garzeit

GLUTENFREI + VEGAN

Marmelade

MENGE: 1 GLAS

Wos brauchi olls?

250 g frische Beeren
50 g Zuckerersatzstoff
1 EL Wasser
1 TL Chia-Samen

Wia mochi des?

1. Die Beeren mit Zuckerersatzstoff und Wasser in einen Topf geben und einmal aufkochen lassen.
2. Im Mixer pürieren.
3. Die Chia-Samen dazugeben und unterrühren.
4. Heiß in sterilisierte Gläser füllen.

No an Tipp

Statt Beeren kannst du auch andere Obstsorten verwenden, z. B. Äpfel, Kirschen oder Marillen.

Wenn du die Marmelade auf Vorrat zubereiten willst, solltest du auf absolute Sauberkeit achten. Zur Sicherheit kannst du die Marmelade kurz einwecken.

10 Minuten + Garzeit

GLUTEN-FREI

Fleischsuppe

MENGE: 1 LITER

Wos brauchi olls?

250 g Rindsknochen
1,5 l kaltes Wasser
150 g Rindfleisch (Suppenfleisch)
1 Zwiebel
1 Karotte
2 Stangensellerie
½ Lauchstange
1 Tomate
1 Lorbeerblatt
1 Knoblauchzehe
Pfefferkörner, zerdrückt
Salz

Wia mochi des?

1. Die Rindsknochen zerkleinern, mit dem Wasser zum Kochen bringen und etwa 10 Minuten kochen lassen. Das Rindfleisch dazugeben und 1 Stunde kochen lassen. Dabei immer wieder den Schaum und das Fett abschöpfen.
2. Die Zwiebel mit der Schale halbieren und die Schnittflächen in einer Pfanne braun rösten.
3. Zusammen mit Karotte, Stangensellerie, Lauch, Tomate, Lorbeerblatt, Knoblauch und Pfefferkörnern zum Fleisch geben.
4. Alles so lange kochen lassen, bis das Fleisch weich ist (etwa 1 Stunde).
5. Das Fleisch herausnehmen und die Brühe durch ein Tuch seihen, entfetten und mit Salz würzen.

No an Tipp

Das Fleisch kannst du als Suppeneinlage oder für andere Gerichte (z. B. das Zucchini-Topinambur-Gröstel) verwenden.

Fleischragout (Bolognese)

MENGE: 2 PORTIONEN

Wos brauchi olls?

1 Karotte
¼ Knollensellerie
1 Zwiebel, fein geschnitten
2 EL Öl zum Anbraten
200 g Faschiertes (Rind/Schwein)
1 TL Tomatenmark
50 ml Rotwein
1 EL Milch
1 Prise Zucker
300 ml Fleischsuppe (siehe Seite 188) oder Wasser
400 g Tomaten, gehäutet und in Würfel geschnitten
1 Rosmarinzweig
1 Knoblauchzehe, gehackt
Pfeffer
Salz

Wia mochi des?

1. Karotten und Sellerie schälen, in Würfel schneiden und mit der Zwiebel in Öl andünsten.
2. Das Faschierte dazugeben und so lange mitdünsten lassen, bis das Fleisch Farbe verloren hat und die Flüssigkeit verdampft ist.
3. Das Tomatenmark dazugeben und mitrösten.
4. Mit Rotwein ablöschen.
5. Milch, Zucker, Fleischsuppe und Tomaten zufügen und die Sauce etwa 1 Stunde leicht köcheln lassen.
6. Mit Rosmarin, Knoblauch, Pfeffer und Salz würzen und noch einmal kurz köcheln lassen.

Wenn du die Sauce lieber etwas dickflüssiger hast, dann gibst du einfach etwas weniger Fleischsuppe dazu.

Statt der frischen Tomaten kannst du auch Dosentomaten verwenden.

Bevor du die Sauce weiterverwendest, solltest du den Rosmarinzweig entfernen.

No an Tipp

15 Minuten + Garzeit

GLUTEN-FREI

20 Minuten + Garzeit

GLUTENFREI
+
VEGAN

Tomatensauce

MENGE: 2 PORTIONEN

Wos brauchi olls?

500 g Tomaten
1 Zwiebel, fein geschnitten
1 kleine Knoblauchzehe, fein gehackt
2 EL Öl zum Anbraten
Salz
Pfeffer
3 Basilikumblätter, fein geschnitten

Wia mochi des?

1. Die Tomaten am Stielansatz kreuzweise einritzen und kurz in kochendes Wasser tauchen. Herausnehmen und in Eiswasser abschrecken. Die Haut abziehen und das Fruchtfleisch in Würfel schneiden.
2. Zwiebel- und Knoblauchwürfel in Öl farblos anschwitzen.
3. Die Tomaten dazugeben, salzen, pfeffern und etwa 30 Minuten leicht köcheln lassen.
4. Alles durch die Handpassiermaschine (Flotte Lotte) drehen und die Sauce mit Basilikum würzen.

Register

Schwarze Seitenzahl bedeutet, dass es sich um ein Rezept oder eine Hauptzutat in einem Rezept handelt.

Farbige Seitenzahl bedeutet, dass es sich um eine Passage aus dem Abschnitt Wissenswertes handelt.

Glossar

Peperoni Paprikaschoten
Melanzane Auberginen
faschieren durch den Fleischwolf drehen
Faschiertes Fleisch, das durch den Fleischwolf gedreht wurde
Fleischkrapfl Bulette, Frikadelle, Fleischpflanzerl
Rohnen Rote Bete
Gelbruab Karotte
Holer Holunder
Paradeiser Tomaten
Marillen Aprikosen
Fleischsuppe Fleischbrühe

Silvis LC Kuchl